Meereswissenschaften für den Schulunterricht

Einblicke in die Welt der Meeresforschung

Materialien für die Sekundarstufe I

Inhalt

Worum geht es?

- Didaktische Einführung
- Mögliche Unterrichtseinheit
- Ein Meerwasseraquarium einrichten – Schritt für Schritt

Didaktische Einführung

Ob Urlaubsgefühle, Abenteuerlust oder Forschungsdrang, mit dem Ozean verbinden wir positive Gefühle, die Lust auf mehr machen. Auch bei Schülerinnen und Schülern lässt sich die Faszination für die Schönheit und die verborgenen, unentdeckten Weiten der Meere und des Ozeans beobachten. Gerade diese Begeisterung macht das Thema zu einem attraktiven und motivierenden Unterrichtsgegenstand, der darüber hinaus die Möglichkeit bietet, eine Vielzahl an curricularen Schwerpunkten anzubinden. Unabhängig vom Herkunftsort oder dem Alter lässt sich das Thema „Meere und Ozean" an persönliche Erfahrungen, eigene Vorstellungen oder auch Wünsche anknüpfen und eine spannende Unterrichtsreihe gestalten. Neben der Faszination hat dieses Thema eine ganz grundsätzliche und essentielle Bedeutung. Unser heutiges Leben ist unmittelbar an den Ozean gebunden: Als Sauerstoff- und Nahrungsmittellieferant, als Transportweg aber auch als Energiequelle sichert der Lebensraum unsere Lebensgrundlage. Doch unsere Lebensgrundlage ist in Gefahr. Die Bedrohung des Ozeans hat in den letzten Jahrzehnten rasant zugenommen. Der Verlust der Biodiversität, die Ozeanerwärmung sowie die Verschmutzung der Meere, um nur einige wenige Gefährdungen zu nennen, kommen einem unmittelbar in den Sinn, wenn man an den Lebensraum denkt. Seit 2015 ist der Schutz des Ozeans Bestandteil der UN-Nachhaltigkeitsziele. Unter dem Ziel 14 „Leben unter Wasser" wird ein nachhaltiger Umgang mit ozeanischen Ressourcen angestrebt. Aus diesen Aspekten ergibt sich, dass das Thema Meere und Ozean als essentieller Unterrichtsgegenstand angesehen werden kann.

Abb. 1: Meeresbiologische Untersuchung in Küstengewässern.

Für den Unterricht bietet das Thema eine Vielzahl an Einsatzmöglichkeiten. Da der Ozean aus verschiedenen Perspektiven betrachtet werden kann, ist er im schulischen Kontext gut geeignet für den fächerübergreifenden Unterricht. Ohne Probleme lassen sich Aspekte der naturwissenschaftlichen sowie der gesellschaftswissenschaftlichen Fächer finden und miteinander verbinden. Dabei sollte der Fokus stets auf einer BNE-orientierten Unterrichtsgestaltung liegen (*BNE = Bildung für nachhaltige Entwicklung*), der das eigene Handeln sowie die Partizipation am Schutz des Ökosystems in die Betrachtung einbezieht. Neben dem Einbinden des Themas in den herkömmlichen Unterricht ist es sinnvoll für die Gestaltung von Projektwochen. Das Thema ermöglicht einen handlungsorientierten Unterricht mit direkten Naturbegegnungen. Dazu kann eine Exkursion zur Nord- oder Ostsee in unterschiedlichen Phasen des Unterrichts umgesetzt werden. Zu Beginn einer Unterrichtseinheit kann die Exkursion als Einstieg und zur Steigerung der Motivation gesehen werden. Die Schülerinnen und Schüler können eigene Beobachtungen machen, aus denen sich Fragestellungen für die Einheit ableiten lassen. Darüber hinaus bietet es sich an, gemeinsam mit den Schülerinnen und Schülern Proben zu nehmen, die dann im Unterricht untersucht werden können. Wissenschaftliche Arbeitsweisen der Meeresforschung können so geübt und reflektiert werden. Die Exkursion am Ende der Unterrichtseinheit kann die erarbeiteten Ergebnisse sichern. Expertengruppen aus der Klasse können über verschiedene Themen referieren, zu denen sie sich im Unterricht vertieft haben. Besonders nachhaltig kann der Unterricht vermittelt werden, wenn er durchgehend am Strand oder an der Küste umgesetzt wird. Im Rahmen einer Klassenfahrt können Besuche von Forschungsinstituten, Museen, Schülerlaboren oder Aquarien mit eigenen Probennahmen und Untersuchungen kombiniert werden.

Abb. 2: An Bord der FS ALKOR werden während einer Lehrkräftefortbildung Bodenproben mit dem Bodengreifer genommen.

Das ozean:labor der Kieler Forschungswerkstatt, das Schülerlabor des IPN und der CAU Kiel, bietet eine Vielzahl an Möglichkeiten und Materialangeboten, um sich mit dem Thema Meere und Ozean am Strand, im Schülerlabor, im Klassenraum oder zuhause auseinandersetzen zu können. Für die Bearbeitung der Stationen stehen Expeditionskisten zum Ausleihen zur Verfügung, mit denen Proben genommen und weitere Versuche am Strand oder in der Schule durchgeführt werden können. Darüber hinaus können Thementage für ganze Schulklassen gebucht werden, in denen sich die Schülerinnen und Schüler mit spannenden Themen rund um die Meereswissenschaften befassen. Weitere Angebote wie die Teilnahme an Citizen Science-Projekten zur Bekämpfung der Plastikmüllproblematik können durch die Lehrkräfte organisiert werden. Eine Übersicht über die Angebote ist unter dem QR-Code zu finden oder auf der Webseite der Kieler Forschungswerkstatt www.forschungs-werkstatt.de.

Abb. 3: Sortieren von Benthosorganismen.

Die deutsche Meeresforschung ist breit aufgestellt. In vielen deutschen Städten lassen sich Forschungseinrichtungen und Museen finden, die Angebote für Schulen haben, Bildungsmaterialien entwickeln oder Vorträge anbieten. Viele Institute und Museen verfügen über Schülerlabore oder Aquarien, entwickeln Bildungsmaterialien oder bieten Vorträge und Vortragsreihen an. Auf der Webseite des Konsortiums Deutsche Meeresforschung

www.deutsche-meeresforschung.de findet man eine umfangreiche Übersicht über Meeresforschungsinstitute sowie außerschulische Lernorte und Schulmaterialien.

Mögliche Unterrichtseinheit

Die in diesem Buch vorgestellten Materialien bilden eine Unterrichteinheit aus Begegnungsphase, Erarbeitungsphase und Vernetzungsphase. Die Erarbeitungsphase ist in vier Themenmodule gegliedert:

Modul 1 – Was lebt im Meer?
Modul 2 – Klimawandel
Modul 3 – Überfischung
Modul 4 – Verschmutzung

Im Folgenden wird ein möglicher Unterrichtsgang präsentiert, der alle Themenmodule umfasst und einen Zeitumfang von ca. 14 Unterrichtsstunden vorsieht. Modul 1 wird durch eine Stationsarbeit in Partnerarbeit umgesetzt und für Modul 2-4 ist eine kooperative Lernform als Gruppenarbeit vorgesehen. Das Erarbeiten aller vier Module durch jede Schülerin und jeden Schüler lässt sich in Wahlpflichtkursen oder in Projektwochen realisieren, im Regelunterricht wird dies sicherlich den zeitlichen Rahmen sprengen. Alle Module und alle einzelnen Unterthemen sind in sich abgeschlossen, sie können frei kombiniert und vertieft werden. Um den Schülerinnen und Schülern ein möglichst ganzheitliches Bild des Ökosystems zu veranschaulichen, ist es sinnvoll, sowohl die lebendigen und schönen Seiten des Ozeans, als auch die Gefährdung des Ökosystems durch den Menschen aufzuzeigen. So lässt sich Modul 1 mit allen anderen Modulen kombinieren.

Abb. 4: © Jeremy Bishop / Unsplash

Ablauf der Unterrichtseinheit

In der **Begegnungsphase** wird zunächst mit einem Videoausschnitt die Neugierde auf die Einheit mit dem Thema „Meere und Ozean“ geweckt. Dazu wird der Trailer „Der blaue Planet 2“ gezeigt. Im Anschluss wird das Vorwissen der Schülerinnen und Schüler aktiviert. Dazu werden, angelehnt an die Methode Gallerywalk, Plakate im Raum verteilt, auf denen Persönlichkeiten aus der historischen und der aktuellen Meeresforschung zu finden sind. Die Forschenden werden durch die Lehrkraft kurz vorgestellt, bevor im nächsten Schritt die Lernenden in die Rolle der Forschenden schlüpfen und Fragen zum Thema „Ozean“ beantworten.

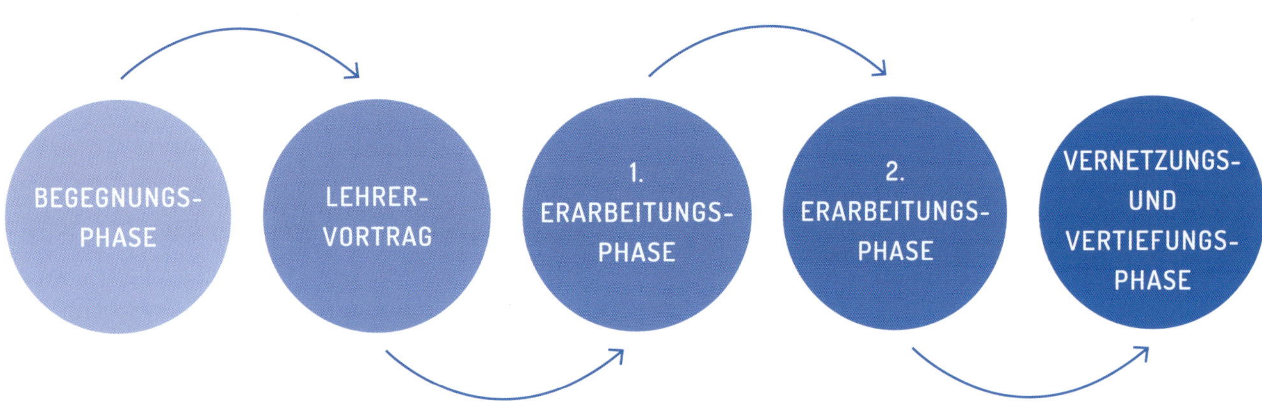

Abb. 5: Ablauf der Unterrichtseinheit.

Auf diese Weise kann zum einen das Vorwissen abgefragt werden, zum anderen können Fragen gestellt werden, die das Interesse der Schülerinnen und Schüler widerspiegeln. Die Plakate werden in der Klasse präsentiert. Sie können während der Unterrichtseinheit immer wieder hervorgeholt werden, um zu schauen, was schon beantwortet und gelernt wurde.

Hieran schließt sich ein **Lehrervortrag** an, der wichtige Grundlagen der Meereswissenschaften vermittelt. Dafür steht eine PowerPoint-Präsentation (siehe QR-Code am Ende des Kapitels) zur Verfügung, die von Lehrkräften verwendet werden kann. Der Lehrervortrag setzt den Fokus auf die ökologischen Grundlagen des Ökosystems Ozean und auf die Arbeitsweisen in der Meeresforschung. Gerade der Einblick in die Meeresforschung erhöht die Motivation der Schülerinnen und Schüler und stimmt auf den forschenden Charakter der folgenden Stationen ein.

In **Erarbeitungsphase 1** wird Modul 1 bearbeitet. Hierzu setzen sich die Schülerinnen und Schüler in einer **Stationsarbeit** mit den Grundlagen der Ost- bzw. Nordsee auseinander, mit besonderem Fokus auf die Lebewesen, ihren Besonderheiten sowie deren Beziehungen zueinander. Während die erste Station abiotische Eigenschaften des Meerwassers sowie die Entstehung von Strömungen behandelt, gehen die folgenden Stationen auf ausgewählte Meeresbewohner der Ost- und Nordsee ein. Inhalte der einzelnen Unterthemen sind der Bau der Organismen, ihre Bedeutung im Ökosystem oder Anpassungen an spezielle Faktoren des Ökosystems. Alle vorgestellten Lebewesen sind Gegenstand der aktuellen Meeresforschung. Forschende sowie verschiedene Forschungsprojekte oder Forschungsmethoden werden am Ende eines Unterthemas exemplarisch vorgestellt. Im Anschluss an die Stationsarbeit wird in einer **Zwischensicherung** das Nahrungsnetz der Meereslebewesen erarbeitet.

Die **zweite Erarbeitungsphase** erfolgt in einer **Gruppenarbeit**, wobei der inhaltliche Fokus nun auf den anthropogenen Einflüssen liegt. Hierbei setzen sich die Schülerinnen und Schüler mit einem Schwerpunktthema auseinander, erarbeiten die Inhalte und werden so zu Expertinnen und Experten, die im Anschluss ihre Ergebnisse präsentieren. Die Themen Klimawandel (Modul 2), Überfischung (Modul 3) und Verschmutzung (Modul 4) werden somit **kooperativ bearbeitet**. In jeder Gruppe sollten zunächst die Arbeitsblätter des Moduls bearbeitet und der Arbeitsprozess dazu

Abb. 6: Benthos-Lebensgemeinschaft.

Abb. 7: Ein Stichlingsschwarm.

dokumentiert werden (z.B. mittels Foto oder Video). Hierbei bietet es sich an, dass vor allem die Versuchsaufbauten sowie die Beobachtungen zur anschließenden Präsentation festgehalten werden. Mithilfe des World Ocean Reviews und des Meeresatlas können weitere Informationen gesammelt und die Themen vertieft werden (alle Bände des World Ocean Reviews sowie die aktuelle Version des Meeresatlas lassen sich als pdf downloaden – siehe Linkliste). Im Anschluss an die Bearbeitung der Unterthemen erstellen die Gruppen **Präsentationen** zu ihrem Thema.

In der **Vernetzungs- und Vertiefungsphase** können weitere Themenschwerpunkte aufgegriffen werden. Hierzu bietet es sich an, ein Forschungsinstitut oder ein Schülerlabor aufzusuchen. Eine Vielzahl an weiteren Projekten im Bereich der Meereswissenschaften steht ebenfalls zur Auswahl, mit unterschiedlichen Zielsetzungen.

Linkliste

Weitere Materialien, die hier und in folgenden Kapiteln angesprochen werden, sind über den QR-Code aufzurufen. Ebenso ist eine Übersicht über Institute, Forschungslabore, Schülerlabore und weitere Projekte unter folgendem QR Code oder auf der Webseite zu finden.

Ein Meerwasseraquarium einrichten – Schritt für Schritt

Für viele in diesem Buch aufgeführte Versuche ist das Halten von Organismen (Seestern, Miesmuschel & Co.) in einem Meerwasseraquarium empfehlenswert. Ein solches Aquarium einzurichten und es zu pflegen ist jedoch für Aquaristik-Laien nicht selbstverständlich. Daher möchten wir in dieser Schritt für Schritt Anleitung einen einfachen und erprobten Weg beschreiben und Ihnen die Einrichtung eines solchen Aquariums erleichtern. Viel Spaß dabei!

Abb. 8: Untersuchung von Bethosorganismen am Strand. Kunststoffaquarien gehören zum Inhalt der Benthos-Expeditionskisten der Kieler Forschungswerkstatt.

Schritt 1: Besatz planen

Bevor Sie das Aquarium einrichten, ist es wichtig, ihren gewünschten Besatz an Muscheln, Seesternen, Algen & Co. zu planen. Dann fällt es Ihnen leichter, die richtige Größe, Wassermenge etc. zu wählen.

- Miesmuschelversuch: für jeden Versuchsansatz zwei Tiere
- Seepockenversuch: Beachten Sie, dass Seepocken häufig auf Miesmuscheln sitzen. Für jeden Versuchsansatz wird eine Miesmuschel mit Seepocken darauf benötigt.
- Wenn eine Strandkrabbe beobachtet werden soll: genug Platz im Aquarium einplanen, vor allem, wenn mehrere Strandkrabben gehalten werden sollen, Stress vermeiden, Verstecke bieten
- Seesternversuch: nicht zu viele Seesterne halten, Stress vermeiden
- Algen: Vor allem Blasentang braucht sehr viel Licht, gute Beleuchtung berücksichtigen, nach Möglichkeit Tageslicht. Beachten Sie, nur wenige Algen in das Aquarium einzusetzen, um ein frühzeitiges Kippen des Aquariums zu vermeiden.

Schritt 2: Material besorgen

Für das Aquarium:

- Aquarium (20 Liter)
- Eimer mit Seil (ca. 5-10 m), zum Wasser holen
- Mind. 2 Kanister (5-10 Liter) mit großer Einfüllmöglichkeit
- Eventuell Trichter
- Sauerstofftabletten, für eine Nutzung ohne Stromanschluss
- Luftpumpe für Aquarien mit Luftsprudler
- Verlängerungskabel, wenn nötig

Für die Tiere und Pflanzen:

- Verschließbare Tonnen für den Transport
- Eimer mit Seil (5-10m) zum Wasser holen
- Weithalsflaschen/ Kautexflaschen 500ml
- Spritzwasserflasche
- Kanister
- Pfahlkratzer
- Kescher
- Planktonnetz
- Garnelenkescher
- Eventuell Wathose
- Wanne zum Transportieren des Materials

Abb. 9: Mithilfe von Garnelenkeschern und Wathosen können Schülerinnen und Schüler Benthosorganismen fangen.

Abb. 10: Material zur Probennahme

Gerne können Sie die von uns fertig zusammengestellte Benthoskiste ausleihen die alles Notwendige für das Einrichten eins Meerwasseraquariums enthält (www.kieler-forschungswerkstatt.de).

Schritt 3: Tiere und Pflanzen besorgen

Bevor Sie beginnen die Tiere zu fangen, füllen Sie eine verschließbare Tonne mit Wasser. So können Sie die Tiere nach der Entnahme möglichst schnell wieder mit Wasser versorgen und den Stress für die Tiere minimieren. Es bedarf durch diese Methode keiner Akklimatisierung. Achten Sie darauf, dass Sie keine verletzen Tiere in Ihr Aquarium setzen. Dies kann zu einem sehr schnellen Kippen des Aquariums führen.

Tiere

Miesmuscheln:
Um Miesmuscheln zu sammeln, eignet sich der Einsatz eines Pfahlkratzers. Miesmuscheln besiedeln Substrate, von denen sie mithilfe des Pfahlkratzers gelöst werden können.

Abb. 11: Miesmuscheln werden mit dem Pfahlkratzer gefangen und direkt in einen wassergefüllten Eimer gegeben.

Seepocken:
Seepocken leben unter anderem auf Miesmuscheln. Mit dem Pfahlkratzer werden Miesmuscheln von z.B. Pollern gelöst und in die mit Wasser gefüllte Tonne gegeben. Auf diese Weise sammeln Sie auch Seepocken.

Seesterne:
Seesterne ernähren sich von Miesmuscheln, warum es ebenfalls möglich ist, durch das Abkratzen von Miesmuscheln an Pollern Seesterne zu sammeln. Nicht vergessen, die Tiere möglichst schnell mit Wasser zu versorgen.

Garnelen, Plattfische und Strandkrabben:
Für das Fangen von Tieren, die unter Wasser auf oder im Sediment leben, eignet sich der Garnelenkescher. Das Tragen einer Wathose ist zu empfehlen, um auch bei kühleren Temperaturen etwas Ausdauer bei der Probennahme zu haben. Führen Sie den Garnelenkescher im Uferbereich ca. 1 cm tief durch die oberste Sedimentschicht. Achten Sie darauf, dass Sie nicht vorher schon durch den Bereich gelaufen sind, denn dann sind die Tiere bereits aufgescheucht worden. Haben Sie etwas gefangen, nehmen Sie die Tiere zügig aus dem Kescher und überführen sie in einen Eimer oder in eine Tonne mit Meerwasser. Nehmen Sie etwas Bodensubstrat wie z.B. Sand mit, um dieses anschließend in das Aquarium zu füllen.

Plankton:
Mithilfe des Planktonnetzes wird die Wassersäule der Ostsee filtriert. Je nach Maschenweite des Netzes entnehmen Sie Plankton, das größer als 55 Mikrometer oder 335 Mikrometer ist.

Befüllen Sie zunächst eine Spritzwasserflasche mit Ostseewasser und stellen Sie diese an den Steg. Beschriften Sie eine Kautexflasche mit der Maschenweite des Planktonnetzes, dem Datum der Probennahme und dem Probenort. Stellen Sie die Kautexflasche geöffnet in die Transportwanne (So kann an stürmischen Tagen nichts in die Ostsee geweht werden!). Binden Sie ein Seil an das Planktonnetz und lassen Sie es senkrecht ins Wasser. Achten Sie darauf, dass Sie nicht auf den Grund aufstoßen, ansonsten verwirbelt das Sediment und verunreinigt Ihre Probe. Holen Sie das Netz senkrecht nach oben und entleeren Sie den Netzbecher mithilfe des Hahns in Ihre Kautexflasche. Achten Sie darauf, dass Sie den dünnen Netzstoff am Netzbecher nicht eindrücken, er kann leicht reißen. Spülen Sie anschließend das Fenster im Netzbecher mit der Spritzwasserflasche nach. Hier befinden sich noch Planktonorganismen, die Sie so in die Probe überführen.

Abb. 12: Planktonprobennahme mit dem Planktonnetz. Das rote untere Teil des Netzes ist der Netzbecher, an dem sich der Auslasshahn befindet.

Pflanzen

Algen, Blasentang, Seegras:
Beim Einsatz des Garnelenkeschers fängt man oftmals auch Steine, die mit Aufsitzerpflanzen bewachsen sind. Legen Sie diese mit in das Aquarium. Sie reichern das Wasser mit Sauerstoff an und bieten einigen Tierarten Versteckmöglichkeiten.

Für den Wasserwechsel des Aquariums ist es ratsam, einige Kanister mit Ostseewasser zu befüllen und diese in der Schule zu lagern. So können Sie die Tiere mit frischem Wasser versorgen.

Abb. 13: Zur Ermittlung der Abundanz werden entnommene Arten sortiert, bestimmt und gezählt.

Schritt 4: Aquarium einrichten und pflegen

- Befüllen Sie das Aquarium mit Meerwasser.
- Geben Sie das Substrat in das Aquarium und installieren Sie die Aquarienpumpe.
- Setzen Sie die Tiere und Pflanzen in das wassergefüllte Aquarium.
- Beachten Sie, dass die Lebewesen bei mehrtägiger Haltung regelmäßig mit Plankton gefüttert werden sollten und das Wasser regelmäßig gewechselt werden muss.
- Je schneller Sie die Tiere wieder frei lassen, desto geringer ist der Stress für die Tiere.

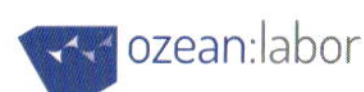

Begegnungsphase

Zwei Drittel der Erdoberfläche sind von Meerwasser bedeckt. So ist die Erde aus dem Weltall betrachtet ein blauer Planet. Die Meere und Ozeane sind der größte zusammenhängende Lebensraum unserer Erde. Sie sind für das Klima und das Leben auf diesem Planeten von entscheidender Bedeutung. Für eine Vielzahl von Organismen stellen sie Lebensraum und Nahrungsgrundlage dar. Grund genug, um sich damit im Unterricht zu beschäftigen.

Abb. 14: Strandreinigungsaktion an der Kieler Förde

AUFGABE

Im Raum verteilt findet ihr Informationen zu Meereswissenschaftlerinnen und Meereswissenschaftlern sowie Informationen über eines der bekanntesten deutschen Forschungsschiffe. Einige der Forschenden leben heute nicht mehr, sind aber durch ihre Beiträge zur Erforschung der Meere auch heute noch bekannt. Andere von ihnen sind heute in der Meeresforschung aktiv und bauen mit ihrer Arbeit auf den Erkenntnissen ehemaliger Forschergenerationen auf. So wird das Wissen über den größten zusammenhängenden Lebensraum von Generation zu Generation erweitert.

1. Öffnet den folgenden QR-Code und druckt die Informationen aus. Klebt jeweils einen Kasten auf ein Poster (z.B. DIN A3-Blatt) und verteilt sie im Raum.

2. Lest die Informationen auf den Plakaten durch und beantwortet die Fragen zu den Forschungsthemen darauf.

Erinnerungen ans Meer

Abb. 15: Urlaubsfoto aus Frankreich.

Abb. 16: Reste von Fischernetzen am Strand.

AUFGABE

1. Bringt Fotos oder Bilder aus euren Urlauben am Meer mit und beschreibt:

   → Woran könnt ihr euch erinnern?

   → Was hat euch besonders beeindruckt?

   → Was hat euch nachdenklich gemacht?

Wenn ihr noch nicht selbst am Meer wart, fragt in euren Familien, ob schon einmal jemand am Meer war und ein Foto davon hat. Oder sucht aus einer Zeitschrift oder im Internet Fotos von Meeren und Ozeanen heraus.

2. Sucht auf den Fotos nach Hinweisen über die Meere und Ozeane, z. B. über die Wassertemperatur.

   → Welche typischen Tiere und Pflanzen leben dort?

   Vergleicht eure Fotos und Ergebnisse untereinander.

Findet Gemeinsamkeiten und Unterschiede zwischen den verschiedenen Meeresdarstellungen.

3. Sucht außerdem nach alten Bildern vom Meer. Und vergleicht diese mit den aktuellen. Erkennt ihr Veränderungen?

Modul 1

Was lebt im Meer?

Einleitung: Der Ozean

- Der Ozean – Ein vielfältiger Lebensraum
- Plankton – Schweben im Meer
- Wirbellose Meerestiere – Der Seestern
- Wirbellose Meerestiere – Die Miesmuschel
- Wirbellose Meerestiere – Die Seepocke
- Wale und Robben
- Das Nahrungsnetz des Ozeans

Abb. 1: © NASA

Einleitung: Der Ozean

Aus dem Weltall betrachtet erscheint die Erde als blauer Planet. Dies liegt an der Größe des Ozeans, der mehr als zwei Drittel der Erdoberfläche bedeckt. Was aus der Vogelperspektive wie eine blaue Fläche aussieht, wird aus der Unterwasserperspektive zum Gebirge. Taucht man ab in die Tiefen des Ozeans, so werden Berge und Täler sichtbar, die dem Himalaya durchaus ähneln. Aufgrund der enormen Tiefe unseres Ozeans, tauchen sie jedoch nur an einigen wenigen Stellen im Ozean als Inseln auf, so z.B. bei den Kanarischen Inseln. Die durchschnittliche Tiefe des Ozeans liegt bei 3800 m. Die tiefste Stelle des Ozeans ist das Challengertief im Marianengraben. Es hat eine Tiefe von ca. 11.000 m. Bis vor wenigen Jahren waren nur drei Menschen an diesem Ort: 1960 Jacques Piccard und Don Walsh und 2012 James Cameron.

In der Meeresforschung ist man bis vor einigen Jahren davon ausgegangen, dass sich auf der Erde fünf große Ozeane befinden: der Pazifik, der Atlantik, der Indik, der arktische Ozean sowie der antarktische Ozean. Doch neue Daten bringen in der Wissenschaft auch neue Erkenntnisse hervor. So wird heute in der Spilhaus-Projektion die Weltkarte in einer einzigartigen Perspektive als ein einziges Gewässer dargestellt. Die Kartenprojektion ermöglicht es, die globale Meeresströmung zwischen allen Ozeanbecken zu sehen, denn das Meerwasser ist in Bewegung und umströmt den gesamten Globus. Doch wie kommt es, dass Meerwasser strömt und wie entsteht das globale Förder-

Abb. 2: Spilhaus-Projektion

band? Dazu lohnt ein Blick in die Tiefe des Ozeans. Der freie Wasserkörper, das sogenannte Pelagial lässt sich aufgrund unterschiedlicher abiotischer Faktoren horizontal zonieren. Es entstehen so Tiefenzonen, die sogenannten Stockwerke des Ozeans.

Die gesamte Energie auf der Erde wird durch die Sonne eingestrahlt. Ein Großteil des Sonnenlichts wird in den oberen 200 Metern des Ozeans absorbiert, in der euphotischen Zone. Nur 1 % des Sonnenlichts gelangt in die darunter liegende Zone, die disphotische Zone. Hier ist es zu dunkel um Fotosynthese zu betreiben, jedoch ist es hell genug um zu jagen. Unterhalb dieser Zone ist es gänzlich dunkel, man spricht hier auch von der aphotischen Zone. Das Vorkommen von Licht hat Auswirkungen auf die Verteilung der Lebewesen im Ozean. Algen sind auf Sonnenlicht angewiesen, nur mithilfe des Lichts können sie Fotosynthese betreiben. Aus diesem Grund haben sie Strategien entwickelt, um möglichst weit oben in der Wassersäule zu treiben. Sie bilden lange Fortsätze oder lagern sich zu langen Ketten zusammen. Auch das Einlagern von Öltropfen dient dem Auftrieb. Das Zooplankton hält sich eher in den darunter liegenden disphotischen und aphotischen Wassertiefen auf. Nachts schwimmen sie dann an die Wasseroberfläche, um im Schutz der Dunkelheit zu fressen. So findet im Ozean jede Nacht die weltweit größte Tierwanderung statt.

Als Folge der Abnahme des Sonnenlichts nimmt auch die Temperatur in tieferen Wasserschichten ab. Im Gegensatz dazu nehmen der Druck und der Salzgehalt mit zunehmender Tiefe zu. Für die Tiere der Tiefsee bedeutet dies, dass sie mit extremen Bedingungen zurechtkommen müssen: einer konstanten Temperatur von maximal 4°C, absoluter Dunkelheit und einem Druck von mehreren hundert Bar.

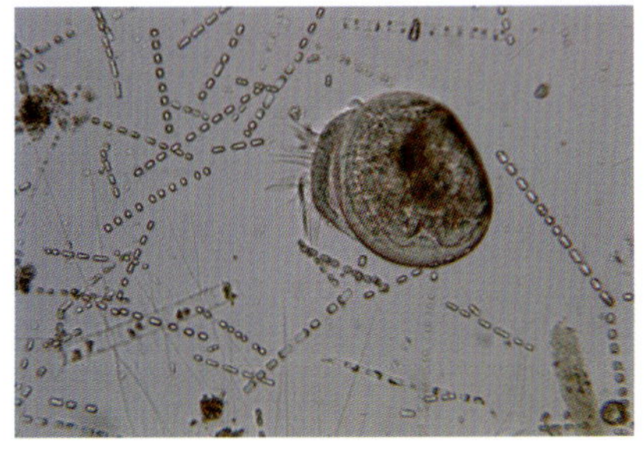
Abb. 3: Muschellarven gehören zum Zooplankton und ernähren sich vom Phytoplankton.

Die Gesamtheit der abiotischen Faktoren entscheidet über die Zusammensetzung der biotischen Faktoren sowie deren Anpassungen an ihren Lebensraum.

Das marine Plankton besiedelt verschiedene Zone des Ozeans. Planktonorganismen werden mit der Meeresströmung verdriftet. Zu ihm zählen kleine, oftmals einzellige Algen, das pflanzliche Plankton (Phytoplankton), das tierische Plankton (Zooplankton) sowie marine Bakterien und Pilze. Das Phytoplankton sowie die Cyanobakterien sind als Primärproduzenten fotosynthetisch aktiv und produzieren mehr als die Hälfte des atmosphärischen Sauerstoffs. Sie bilden die Nahrungsgrundlage für das Zooplankton, das als Primärkonsument die Grundlage aller weiteren marinen Nahrungsstufen darstellt. Bakterien und Pilze sind als Destruenten tätig und somit nicht auf das Sonnenlicht angewiesen.

Zum Nekton zählen Lebewesen des freien Wasserkörpers, die aufgrund ihrer Bewegung gegen die Meeresströmung anschwimmen können. Dazu zählt man eine Vielzahl an Fischen, aber auch einige Tintenfische, Meeresschildkröten und die Meeressäuger gehören dazu. Vögel, die sich wie z.B. Pinguine auch schwimmend fortbewegen, werden ebenfalls dem Nekton zugeordnet. Aufgrund ihrer räuberischen Ernährungsweise müssen die Tiere schnelle Jäger mit spezieller Anpassung an den aquatischen Lebensraum sein. Ihr Körperbau ist stromlinienförmig und Schwanzflossen beziehungsweise Vorder- und Hinterextremitäten dienen dem Antrieb beim Schwimmen.

Abb. 4: Strandkrabbe *Carcinus maenas*.

Ein weiterer Lebensraum, der von einer charakteristischen Lebensgemeinschaft bewohnt wird, ist der Meeresboden, der sogenannte Benthosbereich. Zum Phytobenthos gehören Cyanobakterien, Algen und Seegräser. Die beiden letztgenannten können dabei Algenwälder oder Seegraswiesen bilden, die einen Lebensraum für eine Vielzahl an Organismen darstellen, wodurch ihnen eine große ökologische Bedeutung zukommt. Tiere, die hier leben, beginnen ihren Lebenszyklus mit einer planktischen Larvenphase und gehen irgendwann in eine sessile oder halbsessile Lebensform über. Neben einigen Krebsarten wie Krabben, Garnelen und Seepocken gehören auch die Seesterne, Schwämme und Muscheln dazu.

Meerwasser ist kein stehendes Gewässer, sondern ständig in Bewegung. Oberflächenwasser wird durch Winde und die Corioliskraft angetrieben. So entsteht weltweit eine Vielzahl an Strömungen des Oberflächenwassers. Aufgrund der Corioliskraft zirkulieren Strömungen auf der Nordhalbkugel im Uhrzeigersinn und auf der Südhalbkugel gegen den Uhrzeigersinn. Sie alle sind Teil des globalen Förderbands, das den gesamten Globus umspannt.

In der Fachwelt spricht man auch von der thermohalinen Zirkulation. Die unterschiedliche Temperatur und der unterschiedliche Salzgehalt sorgen dafür, dass das Meerwasser auch in die Tiefe des Ozeans gelangt. Meerwasser, das sich in den tropischen Regionen durch die starke Sonneneinstrahlung und die hohe Umgebungstemperatur aufheizt, strömt in den kälteren Norden. Der Golfstrom z.B. transportiert Wärme Richtung Europa und ist damit verantwortlich für das hier herrschende milde Klima. Auf dem Weg Richtung Norden kühlt sich das Meerwasser aufgrund der geringen Umgebungstemperaturen ab, es wird schwerer und sinkt schließlich in der Arktis in die Tiefe ab. Von hier wird das Tiefenwasser wieder Richtung Äquator gezogen, wo es nährstoffreich auftreibt. Auftriebszonen, die man an den Westküsten der Kontinente findet, wie z.B. vor Chile, sind durch das nährstoffreiche Wasser besonders fischreich.

Unsere heimischen Meere

Vergleicht man die Ostsee, ein 412.000 km^2 großes Randmeer, mit dem Ozean, so zeigen sich trotz der Größenunterschiede viele Gemeinsamkeiten. Als kleines Randmeer des atlantischen Beckens weist es aber einige Besonderheiten auf. Das Wasser der Ostsee ist Brackwasser, also eine Mischung aus Salzwasser und Süßwasser. Von Südwest nach Nordost nimmt der Salzgehalt des Ostseewassers stark ab und sinkt von 35 g/L im Kattegatt bis zu 3 g/L in der Boddensee. Mit Salzwasser wird die Ostsee über den Zufluss am Skagerrak versorgt. Hier fließen große Mengen an salzreichem Nordseewasser in die Ostsee. Aufgrund des höheren Salzgehalts sinkt es jedoch in die Tiefe ab und unterschichtet das Wasser tieferer Ostseebecken. Große Süß-

Abb. 5: Die Ostsee und ihre Anrainerstaaten.

wasserflüsse wie die Weichsel (Polen), die Newa (Russland) oder die Memel (Litauen) entwässern riesige Mengen Süßwasser in die Ostsee und senken damit den Salzgehalt. Der Faktor „Salzgehalt" hat einen großen Einfluss auf die Zusammensetzung der Lebensgemeinschaft. So findet man am Kattegatt sowie in der westlichen Ostsee vor allem Salzwasserorganismen, während der bottnische Meerbusen hauptsächlich Süßwasserorganismen vorweist.

Bleiben Salzwassereinbrüche aus der Nordsee längere Zeit aus, so kommt es in den Tiefenbecken der Ostsee durch eine starke Sauerstoffzehrung zu Sauerstoffminimumzonen. Zwar ist eine Sauerstoffzehrung aufgrund der geografischen Situation und dem damit verbundenen geringen Wasseraustausch in der Ostsee als natürlich anzusehen, jedoch wird dieser Prozess seit 150 Jahren durch den Einsatz von Kunstdünger und den Klimawandel verstärkt. Sinkt tote Biomasse (abgestorbene Algen oder tote Fische) zu Boden, so wird sie von Bakterien in einem sauerstoffzehrenden Prozess abgebaut. Bleibt ein Zustrom von sauerstoffreichem, salzigem Nordseewasser aus, kommt es über mehrere Jahre zu einem Sauerstoffdefizit. Tiefere Becken wie das Gotland-Tief (248 m) oder das Landsort-Tief (459 m, tiefste Stelle der Ostsee) werden aufgrund ihrer Entfernung zum Skagerrak nur von salzigem Wasser erreicht, wenn es sich um große Wasservolumen handelt, die aus der Nordsee einströmen. In Langzeitdaten des Leibniz-Instituts für Ostseeforschung Warnemünde (IOW) zeigt sich, dass Salzwassereinbrüche seltener werden. Kam es 1880-1980 noch zu sechs bis sieben Einstromlagen pro Jahrzehnt, so kamen in den letzten 30 Jahren nur drei solcher Ereignisse vor.

Abb. 6: Das Wattenmeer.

Auch die Nordsee zeigt einige Besonderheiten, die auf die geografischen Gegebenheiten zurückzuführen sind. Als direktes Randmeer ist sie von drei Seiten mit Landmasse eingefasst, verfügt aber im Gegensatz zur Ostsee zwischen Schottland und Norwegen über eine trichterförmige Öffnung zum atlantischen Becken. Über eine Distanz von über 500 km findet hier der Wasseraustausch zwischen der Nordsee und dem atlantischen Becken statt. Salziges Wasser versorgt die Nordsee und süßeres Wasser aus der Ostsee fließt südlich von Norwegen in das atlantische Becken. Die Nordsee ist ein Schelfmeer mit einer durchschnittlichen Tiefe von 80 m. Im nördlichen Teil der Nordsee, der norwegischen Rinne, hat sie eine Tiefe von bis zu 700 Metern, Richtung Süden wird das Randmeer immer flacher.

Aufgrund dieser Gegebenheit und der geringen Eigengröße steht die Nordsee unter dem Einfluss des nordatlantischen Tidenhubs und damit unter periodischen Wasserpegelschwankungen. An der deutschen Nordseeküste liegt der Tidenhub bei 2-4,5 m. Der schwankende Wasserstand sowie Flussmündungen und recht flache Küstenformen mit vorgelagerten Inseln erzeugen das weltweit größte zusammenhängende Watt, das von Dänemark über Deutschland bis zu den Niederlanden reicht.

Das Wechselspiel aus Trockenfallen und überflutet werden prägt das Ökosystem und die dort angesiedelten Lebensgemeinschaften. Trotz der extremen abiotischen Faktoren (wechselndes Wasserangebot, hoher Salzgehalt, starke Stürme) ist das Watt ein artenreicher Lebensraum.

Arbeitsmethoden in den Meereswissenschaften

Man kann heute sagen, dass die Oberfläche des Mondes besser erforscht ist als die der Erde. Die Ursache hierfür ist in den Forschungsmethoden zu sehen. Mit Teleskopen lässt sich ohne Probleme auf die Oberfläche des Mondes schauen, jedoch nicht in die Tiefe des Ozeans. Aussagen über den Zustand des Ozeans kann man dennoch treffen, denn es gibt eine Vielzahl anderer Forschungsmethoden, mit denen wir heute den Ozean untersuchen. Eine naheliegende Forschungsmethode, aber auch die teuerste, ist die Untersuchung des Ozeans mittels eines Forschungsschiffs. Die beiden bekanntesten deutschen Forschungsschiffe sind die FS Polarstern und die FS Sonne. Da Schiffszeit teuer ist, läuft der Forschungsbetrieb an Bord rund um die Uhr. Nach genauer Planung ist vorgegeben, wer wann Proben nehmen darf. Passieren dabei Fehler, ist wertvolle Zeit und sind wertvolle Proben verloren. Aus diesem Grund werden Forschungsreisen im Vorfeld akribisch geplant und mehrfach geprobt, das mitgenommene Material wird mehrmals auf seine Funktionen geprüft.

Abb. 7: Das Forschungsschiff SONNE zu Besuch in Kiel.

Um Proben zu nehmen, befinden sich mehrere Seilwinden an Deck, die Wasser- oder Sedimentproben aus großen Tiefen entnehmen können. Plankton wird mit einem Multischließnetz entnommen. Dieses kann Planktonorganismen aus unterschiedlichen Tiefen filtern. So erhält man einen guten Überblick über die vertikale Verteilung der Organismen in der Wassersäule. Ein Kastengreifer ermöglicht eine Bodenprobennahme. Mithilfe der Seilwinden wird der Greifer zu Boden gelassen und dann von Bord ausgelöst. Er entnimmt einen viertel Quadratmeter Meeresboden, der dann an Deck untersucht werden kann. Benthosorganismen werden mit Schleppnetzen aus großen Tiefen an Deck befördert. Zwar lässt sich die Abundanz (Vielzahl) einzelner Organismen so bestimmen, nicht aber ihr Verhältnis zueinander. Ein weiterer großer Nachteil dieser Methode ist die Zerstörung der Lebensgemeinschaft. Aus diesem Grund geht man immer mehr zu nichtinvasiven Maßnahmen über. Eine weitere Möglichkeit Untersuchungen im freien Wasserkörper durchzuführen sind sogenannte Mesokosmen. Mit einem Zylinder wird ein Teil des Meerwassers umschlossen. In diesem Ausschnitt lassen sich verschiedene Bedingungen verändern und die Auswirkungen auf ein Ökosystem untersuchen.

Abb. 8: Mit der CTD-Rosette können Wasserproben aus unterschiedlichen Tiefen entnommen werden sowie die Temperatur, die Tiefe und der Salzgehalt bestimmt werden.

In den letzten Jahren wurden verschiedene Großgeräte entwickelt, die bemannt oder unbemannt in unterschiedliche Meerestiefen vordringen können. Ein **AUV (Autonomous Underwater Vehicle)** ist ein unbemanntes Unterwasserfahrzeug, welches in Tiefen von 2000 bis 6000 m Daten misst und den Meeresboden mittels Fächer-Echolot untersucht. So lassen sich genaue Kartierungen des Meeresbodens erstellen. Auch **ROVs (Remotely Operated Vehicles)** werden unbemannt zu Wasser gelassen. Sie können vom Schiff aus gesteuert werden und sind in der Lage, Proben mittels Greifarmen in einer Tiefe bis zu 6000 m zu nehmen. Als bemannte Großgeräte können **Tauchboote** eingesetzt werden. So können Forschende einen persönlichen Blick auf den Meeresboden oder die Lebensgemeinschaften werfen.

Mithilfe all dieser Methoden und Geräte lassen sich heute Fragen beantworten, die für die Zukunft des Ozeans und damit auch für die Zukunft der Menschheit von großer Bedeutung sind. Wie sieht die Ostsee der Zukunft aus? Das fragen sich heute viele Wissenschaftlerinnen und Wissenschaftler. Prognosen sagen, dass der Meeresspiegel steigen wird, der Salzgehalt sinkt, ebenso wie der pH-Wert.

Abb. 9 und 10: Küstenforschung bei einer Lehrkräftefortbildung der Kieler Forschungswerkstatt auf der Lotseninsel, Ostsee.

Der Ozean – Ein vielfältiger Lebensraum

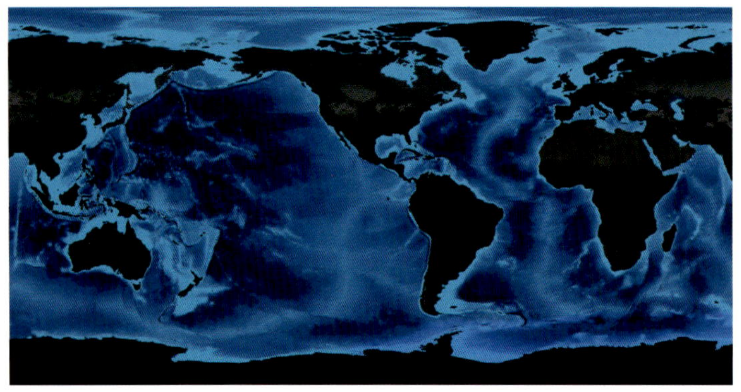

Abb. 1: Die Erde als Weltkarte.

Betrachtet man die Erde vom Weltall aus, so kann man erkennen, dass es mehr Wasser als Land gibt. Ca. 70 % der Erdoberfläche werden von Wasser bedeckt, nur 30 % sind Landmasse. Wir leben auf einem blauen Planeten, der eigentlich „Meer" und nicht „Erde" hätte heißen müssen.

Betrachtet man den Ozean genauer, so erkennt man, dass es eine Vielzahl an unterschiedlichen Lebensräumen gibt, die durch ganz unterschiedliche abiotische Faktoren gekennzeichnet sind. Unter abiotischen Faktoren versteht man unbelebte Umweltfaktoren wie z.B. die Temperatur, die Lichtmenge, die gelösten Gase oder den Salzgehalt. Diese Faktoren sind entscheidend für einen Lebensraum und bestimmen die Zusammensetzung der Lebensgemeinschaft sowie deren Anpassungen. Tiefseefische besitzen z.B. keine Hohlräume als eine Anpassung an den abiotischen Faktor Druck. Schaut man sich den Ozean im Querschnitt an, so lässt sich beobachten, dass sich die abiotischen Faktoren vom Meeresspiegel bis zum Grund kontinuierlich verändern.

AUFGABE

Einblick in die Tiefe

1. Ordnet den beiden Pfeilen die folgenden abiotischen und biotischen Faktoren zu: Temperatur, Druck, Salzgehalt, Lichtintensität, Anzahl der Lebewesen. Schaut euch dazu die Abbildung auf der nächsten Seite an.

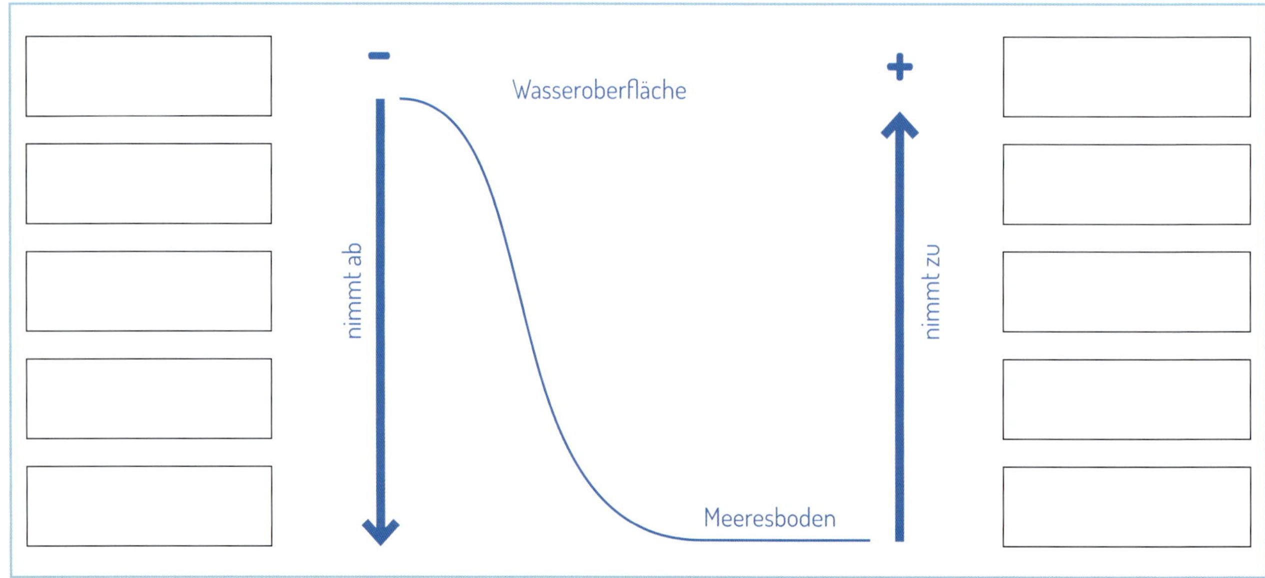

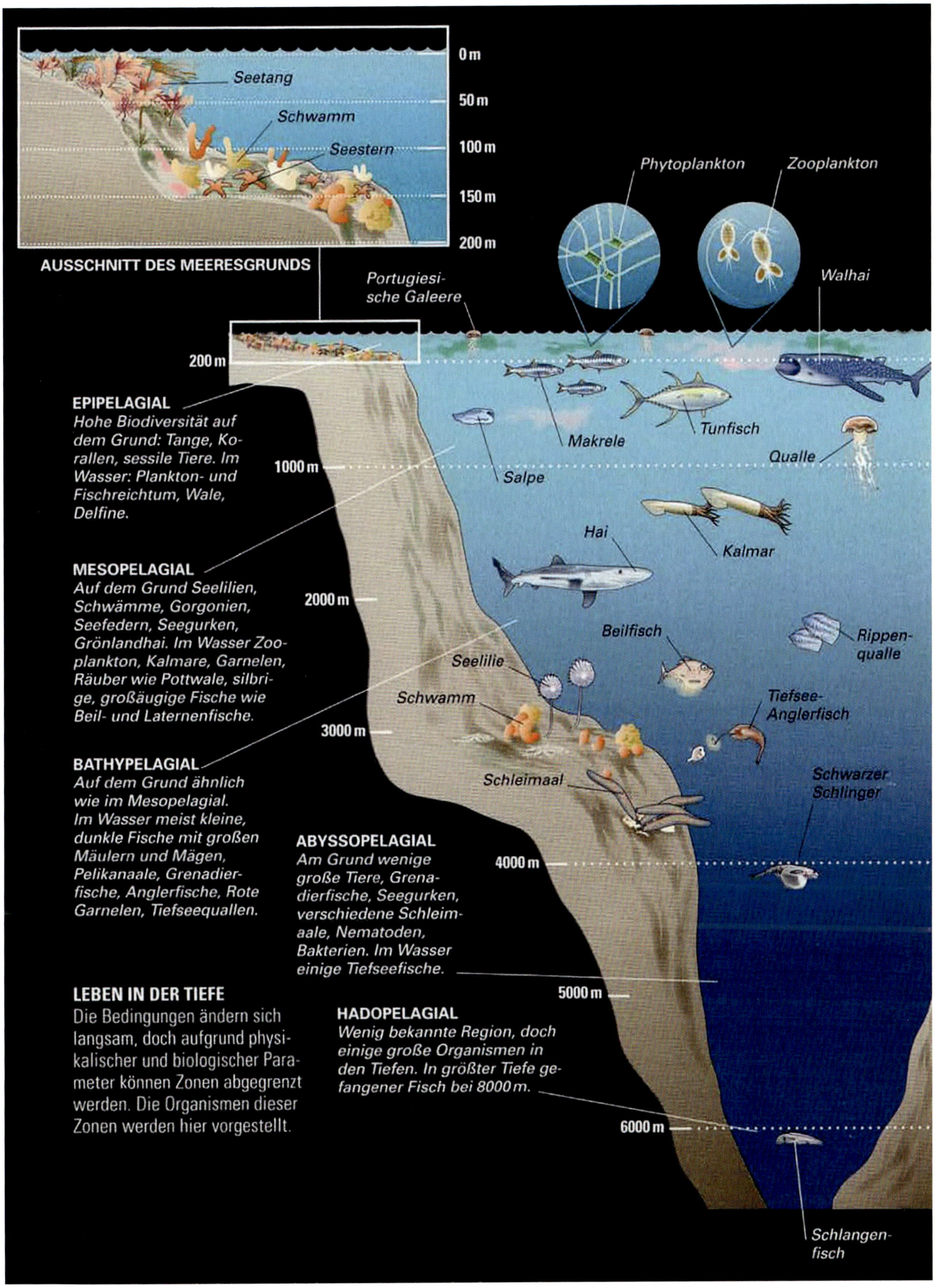

0 m
50 m
100 m
150 m
200 m

Seetang
Schwamm
Seestern

AUSSCHNITT DES MEERESGRUNDS

Phytoplankton
Zooplankton
Portugiesische Galeere
Walhai

200 m

EPIPELAGIAL
Hohe Biodiversität auf dem Grund: Tange, Korallen, sessile Tiere. Im Wasser: Plankton- und Fischreichtum, Wale, Delfine.

1000 m

Makrele
Tunfisch
Qualle
Salpe
Hai
Kalmar

MESOPELAGIAL
Auf dem Grund Seelilien, Schwämme, Gorgonien, Seefedern, Seegurken, Grönlandhai. Im Wasser Zooplankton, Kalmare, Garnelen, Räuber wie Pottwale, silbrige, großäugige Fische wie Beil- und Laternenfische.

2000 m

Beilfisch
Rippenqualle
Seelilie
Schwamm
Tiefsee-Anglerfisch

3000 m

BATHYPELAGIAL
Auf dem Grund ähnlich wie im Mesopelagial. Im Wasser meist kleine, dunkle Fische mit großen Mäulern und Mägen, Pelikanaale, Grenadierfische, Anglerfische, Rote Garnelen, Tiefseequallen.

Schleimaal
Schwarzer Schlinger

4000 m

ABYSSOPELAGIAL
Am Grund wenige große Tiere, Grenadierfische, Seegurken, verschiedene Schleimaale, Nematoden, Bakterien. Im Wasser einige Tiefseefische.

5000 m

LEBEN IN DER TIEFE
Die Bedingungen ändern sich langsam, doch aufgrund physikalischer und biologischer Parameter können Zonen abgegrenzt werden. Die Organismen dieser Zonen werden hier vorgestellt.

HADOPELAGIAL
Wenig bekannte Region, doch einige große Organismen in den Tiefen. In größter Tiefe gefangener Fisch bei 8000 m.

6000 m

Schlangenfisch

Abb. 2: Einblick in die Tiefe.
Quelle: Ozeane – die große Bild-Enzyklopädie, DK Verlag, 2007, S. 219.

Versuch 1: Entstehung von Meeresströmungen

MATERIALIEN

- Aquarium
- Föhn
- Lebensmittelfarbe
- Pipette

DURCHFÜHRUNG

1. Befüllt ein Aquarium fast randvoll mit Wasser.
2. Schaltet den Föhn an und richtet die Luftströmung auf die Wasseroberfläche.
3. Gebt mit der Pipette Lebensmittelfarbe ins Wasser und beobachtet, ob und wie sich die Luftbewegung auf das Wasser überträgt.
4. Ändert die Stärke der Luftströmung. Beobachtet und beschreibt die Veränderungen, die ihr auf der Wasseroberfläche wahrnehmen könnt.

BEOBACHTUNG

Beschreibt eure Beobachtung.

Ein Ozean in Bewegung

Die Wissenschaft geht heute davon aus, dass es nur einen großen Ozean auf der Erde gibt. Hat man diesen früher in fünf Ozeane unterteilt, so ist heute klar, dass das Meerwasser ständig in Bewegung ist und die gesamte Erde umströmt. Ein einziges Wassermolekül umrundet die Erde durch die Strömungen des Ozeans in etwa 1000 Jahren. Angetrieben werden die Strömungen durch unterschiedliche Temperaturen sowie unterschiedliche Salzgehalte des Wassers. Auch Winde haben einen entscheidenden Einfluss auf die Wasserbewegungen. Die Strömungen des Ozeans sind für das Klima unserer Erde und das Leben auf diesem Planeten von größter Bedeutung.

Versuch 2a: Entstehung von kalten und warmen Meeresströmungen

MATERIALIEN

- Becherglas (1000 ml)
- Erlenmeyerkolben (100 ml)
- Tiegelzange
- Thermometer
- Wasserkocher
- Lebensmittelfarbe
- Leitungswasser

DURCHFÜHRUNG

1. Gebt ca. 700 ml kaltes Wasser in das große Becherglas.

2. Erhitzt nun mit einem Wasserkocher min. 100 ml Wasser bis auf 50 °C und füllt den Erlenmeyerkolben damit ganz voll. Achtet darauf, dass ihr euch nicht verbrüht!

3. Färbt das Wasser im Erlenmeyerkolben mit einigen Tropfen Lebensmittelfarbe und stellt ihn mit der Tiegelzange in das große Becherglas. Beobachtet!

BEOBACHTUNG

____

____

____

____

Versuch 2b: Entstehung von kalten und warmen Meeresströmungen

MATERIALIEN

- Becherglas (1000 ml)
- Eiswürfelform
- Lebensmittelfarbe
- Leitungswasser
- Thermometer

DURCHFÜHRUNG

1. Färbt Wasser mit einigen Tropfen Lebensmittelfarbe und lasst es über Nacht in der Eiswürfelform gefrieren.

2. Gebt dann einige der fertigen Eiswürfel in ein mit warmem Wasser (ca. 40 °C) gefülltes Becherglas. Beobachtet.

BEOBACHTUNG

____

____

____

Versuch 3: Entstehung von Meeresströmungen durch unterschiedlichen Salzgehalt

MATERIALIEN

- Kristallisierschale (1000 ml) oder durchsichtige Kunststoffschale
- Becherglas (250 ml)
- Lebensmittelfarbe
- Wasser
- Kochsalz
- Knete

DURCHFÜHRUNG

1. Formt mit Knete eine Schwelle in der Mitte der Kristallisierschale, sodass beide Seiten voneinander getrennt sind.

2. Befüllt die Schale mit Leitungswasser. Der Wasserstand sollte ca. 1 cm oberhalb der Schwelle sein.

3. Gebt nun Wasser in ein Becherglas und löst Kochsalz darin, sodass eine konzentrierte Salzlösung entsteht. Färbt anschließend das Salzwasser mit einigen Tropfen Lebensmittelfarbe.

4. Füllt das gefärbte Salzwasser vorsichtig auf eine Seite der Schwelle. Beobachtet.

BEOBACHTUNG

____

____

____

____

____

Auswertung aus Versuch 1-3

Wie entstehen Meeresströmungen? Fasst in der Tabelle die Auswertungen der vier Experimente zusammen. Nutzt dafür eure Versuchsbeobachtungen.

1. Markiert außerdem, ob es sich bei der entstandenen Strömung um eine vertikale oder horizontale Strömung handelt. (vertikal = ↕ horizontal = ↔)

Einflussfaktor	Auswirkung	Strömungsart
Wind		
Warmes Wasser		
Kaltes Wasser		
Salz		

AUFGABE

Beschreibt in einem kurzen Text, wie Meeresströmungen entstehen. Bei Schwierigkeiten können die Schlüsselwörter aus der Hilfebox verwendet werden.

____

____

____

Hilfebox

Achtung: Jeder Begriff muss mindestens einmal verwendet werden, sie können auch mehrfach eingesetzt werden!

Warmes Wasser, kaltes Wasser, Dichte, schwerer, leichter, Salzwasser, Süßwasser

Unsere heimischen Meere

Die Ostsee – ein Randmeer mit Besonderheiten
Die mit einer Fläche von 412.500 m² eher kleine Ostsee weist eine Vielzahl von unterschiedlichen Lebensräumen auf. Die Ursache hierfür liegt vor allem am unterschiedlichen Salzgehalt des Ostseewassers. Dieser sinkt von Süd nach Nord und hat damit Auswirkung auf das Vorkommen der Meeresbewohner.

Der einzige Zufluss von Salzwasser findet am Skagerrak statt. Nördlich von Dänemark treffen dort Nord- und Ostsee aufeinander. Je größer die Entfernung von dieser Zuflussstelle ist, desto geringer ist der Salzgehalt der Ostsee. Außerdem münden vor allem im Nordosten der Ostsee riesige Süßwasserflüsse in die Ostsee. Durch die großen Mengen an Süßwasser, die so in die Ostsee gelangen, senken sie den Salzgehalt ab. Das Gemisch aus Salz- und Süßwasser nennt man Brackwasser.

Abb. 3: Viele Flüsse entwässern in die Ostsee und senken durch ihr Süßwasser den Salzgehalt des Meerwassers.

Die Nordsee – ein Meer der Extreme

Auch die Nordsee zeigt einige Besonderheiten, die auf die geografischen Gegebenheiten zurückzuführen sind. Der schwankende Wasserstand sowie Flussmündungen und recht flache Küstenformen mit vorgelagerten Inseln erzeugen das weltweit größte zusammenhängende Watt, das von Dänemark über Deutschland bis zu den Niederlanden reicht. An der deutschen Nordseeküste liegt der Tidenhub bei 2-4,5 m. Das Wechselspiel aus Trockenfallen und überflutet werden prägt das Ökosystem und die dort angesiedelten Lebensgemeinschaften. Trotz der extremen abiotischen Faktoren (wechselndes Wasserangebot, hoher Salzgehalt, starke Stürme) ist das Watt ein artenreicher Lebensraum. Die hier lebenden Organismen weisen Anpassungen an die extremen Umweltfaktoren auf.

AUFGABE

1. Recherchiert, welches die drei größten Flüsse sind, die in die Ostsee münden. Findet heraus, welches Wasservolumen durch den Fluss am Tag in die Ostsee einströmt. Zeichnet anschließend die Flüsse skizzenhaft in die Karte ein (Abbildung 3).

Rang	Fluss	Entladung (m^3/d)
1.		
2.		
3.		

2. Findet heraus, welchen Salzgehalt das Ostseewasser an den folgenden Becken zeigt:

Becken	Salzgehalt des Ostseewassers in g/Liter
Kattegatt	
Arkona Becken	
Bornholm Becken	
Östliches Gotland Becken	

3. Erstellt Steckbriefe zu einigen Vertretern der Pflanzen- und Tierwelt des Wattenmeeres und zeigt ihre Anpassungen an den Lebensraum.

Bild	Bild
Name (lateinischer Name):	Name (lateinischer Name):
Gattung:	Gattung:
Lebensweise:	Lebensweise:

Plankton – Schweben im Meer

Der Begriff Plankton (griechisch: das Treibende) bezeichnet eine Gruppe von Lebewesen, die im freien Wasser leben und mit der Meeresströmung treiben. Man unterscheidet das pflanzliche Plankton (Phytoplankton) und das tierische Plankton (Zooplankton). Das Pflanzenplankton ist vom Licht abhängig, denn es produziert genau wie die Landpflanzen aus Wasser, Kohlenstoffdioxid und Lichtenergie den Zucker Glucose und Sauerstoff (Fotosynthese). Wusstest du, dass ungefähr die Hälfte des Sauerstoffs in der Atmosphäre aus dem Meer stammt? Zum Phytoplankton gehören Cyanobakterien und Algen.

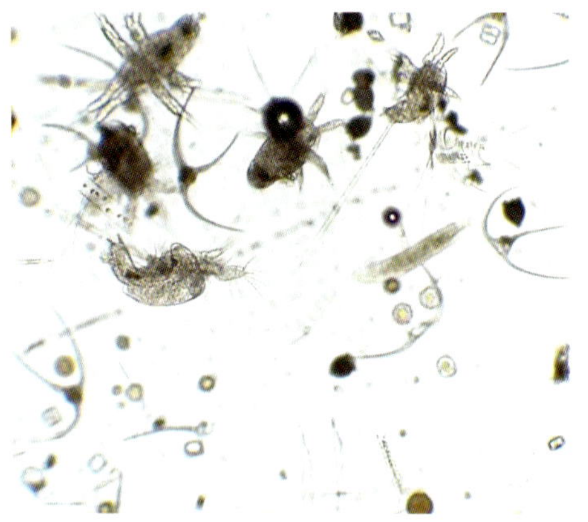
Abb. 1: Plankton aus der Ostsee.

Das Zooplankton frisst Phytoplankton und besteht sowohl aus einzelligen als auch aus mehrzelligen Organismen. Viele Tiere wie z.B. Muscheln, Fische oder auch Wale ernähren sich vom Plankton, weshalb es die Grundlage des Nahrungsnetzes im Meer darstellt.

Egal ob Seestern, Krebs oder Hering, viele Organismen gehören in der ersten Phase ihres Lebens zum Plankton. Wenn Lebewesen nur einen Teil ihres Lebens als Plankton verbringen, nennt man sie Meroplankton. Im Gegensatz dazu steht das Holoplankton, das sind Organismen, die ihr ganzes Leben dem Plankton zuzuordnen sind.

Versuch: Mikroskopische Untersuchung von Ostsee-Plankton

MATERIALIEN

- Planktonproben
- Blockschälchen
- Objektträger und Deckgläschen
- Petrischale
- 2 Pipetten
- Binokular
- Mikroskop
- Bestimmungstafeln

QR-Code für Plankton-Bestimmungstafeln vom GEOMAR

DURCHFÜHRUNG

1. Bei wissenschaftlichen Untersuchungen hat man häufig viele verschiedene Proben. Um da noch einen Überblick zu behalten, ist es sehr wichtig, alle Proben entsprechend zu beschriften und bestimmte Informationen festzuhalten. Füllt daher zuerst das Planktonprotokoll aus.

Planktonprotokoll	
Datum	
Probennahme Ort	
Wassertiefe	
Planktonnetz-Maschenweite	
Besonderheiten	

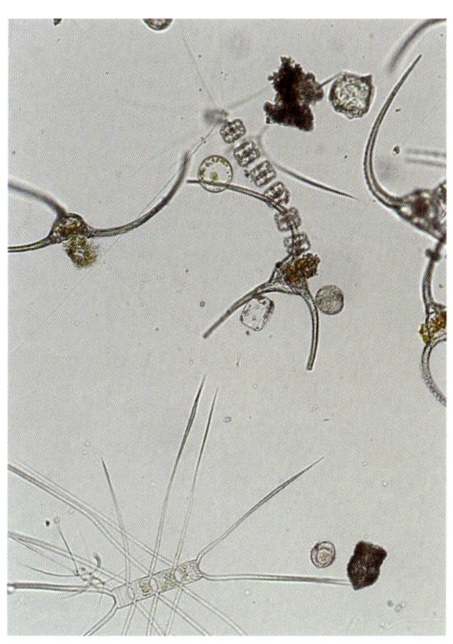

Abb. 2 und 3: Plankton unter dem Mikroskop und ein Planktonnetz im Einsatz.

2. Erstellt eine Probe für das Mikroskop: Nehmt dafür mit einer Pipette eine Planktonprobe aus dem unteren Bereich des Probengefäßes. Gebt einen Tropfen der Planktonprobe auf einen Objektträger und legt ein Deckgläschen darauf.

3. Erstellt eine Probe für das Binokular: Füllt mit einer Pipette ein Blockschälchen mit der Planktonprobe halbvoll.

4. Schaut euch die Planktonprobe unter dem Binokular/Mikroskop an. Bestimmt mit Hilfe der Bestimmungstafeln die Lebewesen, die ihr sehen könnt.

AUFGABE

1. Bestimmt aus eurer Probe jeweils zwei Arten des Pflanzen- und Tierplanktons.

Pflanzenplankton		Tierplankton	
Artname	Gruppe	Artname	Gruppe

2. Nennt zwei Beispiele für meroplanktische Larven.

3. Zeichnet jeweils eine Art des Phyto- und Zooplanktons.

Phytoplankton	Zooplankton
Artname: Gruppe:	Artname: Gruppe:

4. Das Vorkommen des Planktons und seine Zusammensetzung unterliegt einer saisonalen Veränderung, einem Jahresgang, der von verschiedenen abiotischen Faktoren abhängig ist. Erklärt jeweils den Jahresgang der Planktonproduktion in den Meeren der Polargebiete, der gemäßigten Breiten und der Tropen. Nutzt dabei die Abbildung 4.

Saisonalität

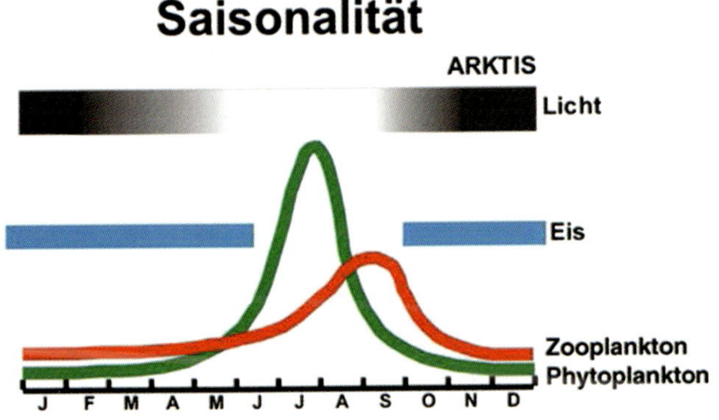

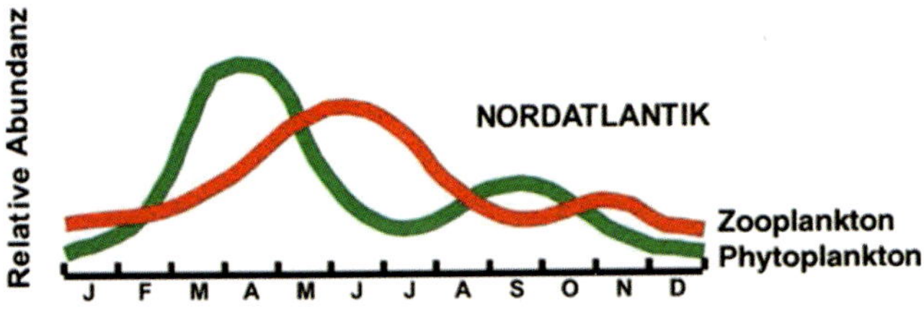

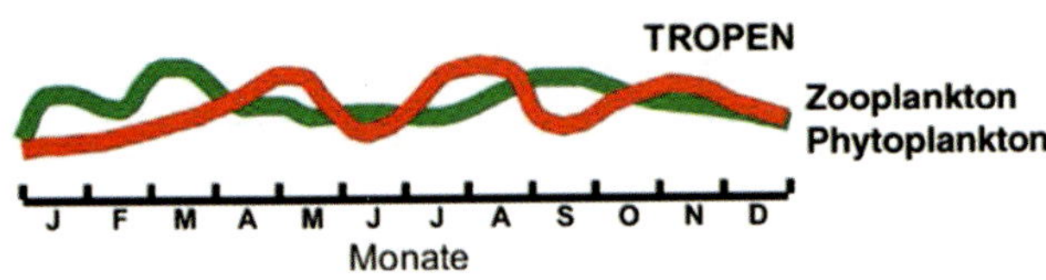

Abb. 4: Die saisonale Verteilung des Planktons in verschiedenen geografischen Breiten.

Quelle: Faszination Meeresforschung, Hempel und Schiel, Hauschild-Verlag, s. 29, Holger Auel

Einblick in die Forschung

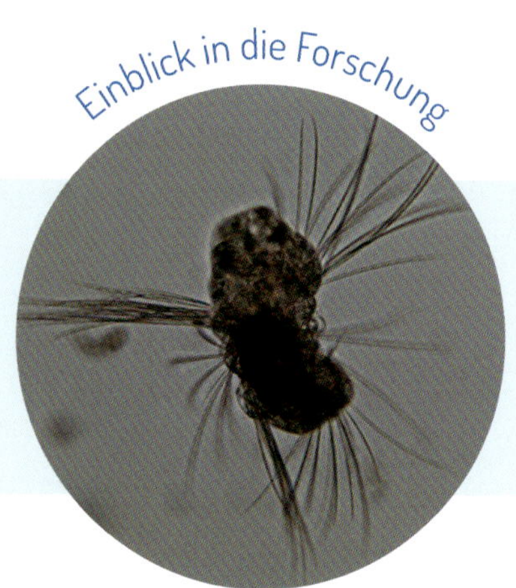

Plankton ID

Plankton stellt eine wichtige Gruppe der Meeresorganismen dar, wenn es um die Erforschung verschiedener Ozeanparameter und deren Veränderung geht.

Rhizaria sind Einzeller und gehören zum Zooplankton, also dem tierischen Plankton. Den Einzellern kommt eine wichtige Bedeutung im Nahrungsnetz des Ozeans zu, da sie eine Größe bis zu mehreren Millimetern entwickeln können. Auf diese Weise speichern sie eine große Energiemenge und werden von größeren Fischen als Nahrungsquelle angesehen. Durch das Auslassen mehrerer Stufen innerhalb der Nahrungskette kann somit Energie gespart werden.

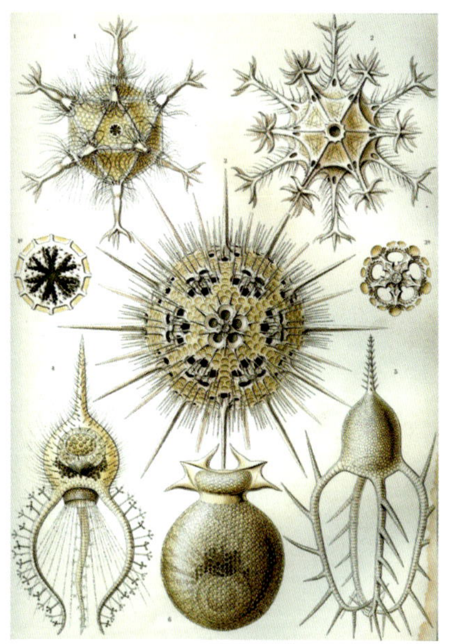

Abb. 5: © Ernst Haeckel

Im Forschungsprojekt Plankton ID wird ihre Rolle im globalen Kohlenstoffkreislauf genauer untersucht, wodurch sich Erkenntnisse über den Transport von Kohlenstoff von der Meeresoberfläche in die Tiefsee ableiten lassen. Diese Erkenntnisse sind wichtig, um zu verstehen, wie das menschengemachte Kohlenstoffdioxid vom Ozean gebunden und in die Tiefsee transportiert wird.

Das Besondere an dem Projekt Plankton ID ist, dass ihr die Möglichkeit habt, euch an der Auswertung der Forschungsdaten zu beteiligen. Unter folgendem QR-Code bekommt ihr Einblicke in die Forschungsarbeit und werdet selber zu Forschenden, indem ihr beim Erkennen von Rhizaria helft.

Wirbellose Meerestiere – Der Seestern

Der in der Nord- und Ostsee am häufigsten vorkommende Seestern ist der Gemeine Seestern *(Asterias rubens)*. Durch die vielen kleinen **Ambulakralfüßchen** auf der Unterseite seiner Arme kann der Seestern sich langsam über den Meeresgrund fortbewegen. Als Bewohner des Meeresbodens gehört er somit zur Gruppe des **Benthos**.

Abb. 1: Der Seestern bewegt sich mithilfe seiner Ambulakralfüßchen fort.

Zur Nahrung des Seesterns zählen neben Schnecken und Seeigeln vor allem **Miesmuscheln**. Um die Muscheln zu fressen, öffnet der Seestern die Schale mit Hilfe seiner fünf Arme. Mit den Ambulakralfüßchen hält er die beiden Schalenhälften der Muschel fest und zieht diese auseinander. Anschließend stülpt er seinen Magen heraus um das Muschelfleisch aufzunehmen. Kommt es z.B. durch eine Strandkrabbe zum Angriff und der Seestern verliert einen Arm, kann dieser einfach **nachwachsen**. An den Armen befinden sich **Sinneszellen**, mit denen Seesterne Helligkeitsunterschiede und den Salzgehalt ihrer Umgebung wahrnehmen können. Der Seestern besitzt kein Skelett. Zur Stabilisation und zum Schutz vor Fressfeinden befinden sich auf der Oberseite miteinander verbundene **Kalkplättchen**, die als kleine Knoten und Unebenheiten fühlbar sind. Neben den Kalkplättchen unter der Haut kann man sogenannte **Pedicellarien** an der Hautoberfläche erkennen. Die kleinen Greiforgane befreien den Seestern vom Bewuchs mit Algen oder Seepocken.

Systematik des Seesterns

Stamm	**Stachelhäuter** (Echinadermata)	Neben den Seeigeln, Seegurken, Schlangen- und Haarsternen gehören die Seesterne, als wohl bekannteste Vertreter, zu den Stachelhäutern. Sie sind fünfstrahlig gebaut und verfügen unter ihrer Haut über kleine Kalkplatten, eine Art Skelett.
Klasse	**Seestern** (Asteroidea)	Das Besondere bei Seesternen ist ihr sternenförmiger Bau. Von der Körpermitte gehen zumeist fünf Arme aus, es können jedoch auch mehr sein. Die Mundöffnung ist auf der Unterseite zu finden, der After auf der Oberseite.
Familie	(Asteriidae)	Die mit 140 Arten drittgrößte Familie der Seesterne. Das Besondere dieser Familie ist die Fähigkeit, Muscheln mit ihren Armen zu öffnen und diese dann zu verdauen.
Art	**Gemeiner Seestern** (Asterias rubens)	Der Gemeine Seestern lebt im Uferbereich bei einem Salzgehalt von mindestens 8 g/Liter. **Verbreitung:** alle europäischen Meere außer dem Mittelmeer **Lebensraum:** Uferbereich bis 200 m Tiefe

AUFGABE

Larve des Seesterns

Wie die meisten Meeresbewohner hat auch der Seestern zwei Lebensphasen. Nach dem Schlüpfen aus Eiern treibt die Seesternlarve zunächst einige Zeit als Zooplankton im Meerwasser, bevor sie irgendwann zu Boden sinkt und sich dort zum adulten (geschlechtsreifen) Tier entwickelt.

1. Recherchiert im Internet nach einer Abbildung der Seesternlarve. Fertigt eine Skizze der Larve an.

Mikroskopische Zeichnung: Larve des Gemeinen Seesterns (Asterias rubens)

Versuch 1: Beobachtung der Seesternbewegung

MATERIALIEN

- Aquarium mit Salzwasser
- Seestern
- kleine Kristallisierschale
- Binokular

DURCHFÜHRUNG

1. Füllt eine kleine Kristallisierschale mit Meerwasser bis ca. 2 cm unterhalb des Glasrandes. Setzt vorsichtig einen Seestern aus dem Aquarium dort hinein. Achtet darauf, dass der Seestern komplett mit Wasser bedeckt ist.
2. Nehmt den Seestern nun von oben in die Hand und dreht ihn unter Wasser vorsichtig um.
3. Beobachtet ihn unter dem Binokular und beschreibt, was ihr auf der Unterseite sehen könnt! Findet ihr die Mundöffnung?

4. Beobachtet genau, wie er sich wieder umdreht.

5. Fertigt eine Skizze der Unterseite des Seesterns an und beschriftet diese mit Hilfe der Abbildung 2.

BEOBACHTUNG

Beschreibt eure Beobachtung

____

____

Skizze: Gemeiner Seestern (Asterias rubens), Unterseite

Bewegung durch Hydraulik

Eine Besonderheit der Stachelhäuter ist das Ambulakralgefäßsystem (Wassergefäßsystem). Mit diesem System können sich Seesterne fortbewegen, atmen, Nahrung aufnehmen, Abfallprodukte ausscheiden und Reize aus der Umwelt wahrnehmen.

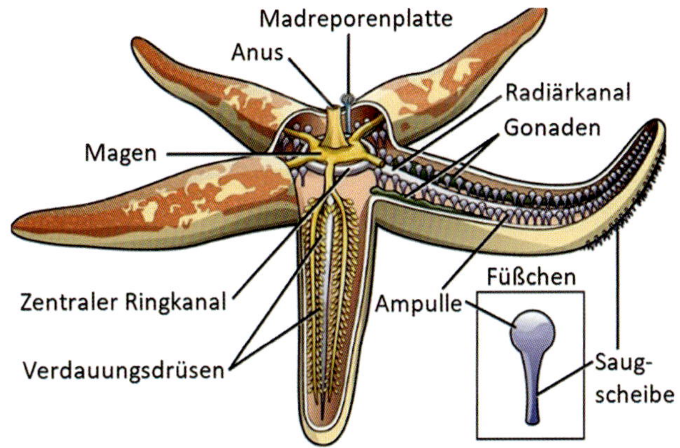

Abb. 2: Aufbau des Seesterns, Quelle: http://voer.edu.vn

AUFGABE

Anatomie des Seesterns

Lest euch den Text durch und ergänzt die Lücken mit Hilfe der Abbildung 2. Folgende Begriffe sind zu verwenden:

Saugscheibe **Ampullen** **Madreporenplatte** **Ambulakralfüßchen**

zentraler Ringkanal **Radiärkanäle**

Das Ambulakralgefäßsystem ist ein Kanalsystem im Körperinneren der Stachelhäuter.

Es ist mit Körperflüssigkeiten gefüllt und funktioniert wie ein hydraulisches System, bei dem z.B. Flüssigkeiten zur Kraftübertragung verwendet werden. Den Stachelhäutern dient es zur Fortbewegung, Atmung, Nahrungsaufnahme und Reizaufnahme. Alle diese Tätigkeiten finden an den ___ statt, die auf der Unterseite des Seesterns in Reihen angeordnet sind und die der Seestern alleine durch Druckausgleich im Inneren bewegen kann. Im Körperinneren enden die Füßchen in den ___. Zieht sich die Muskulatur der Ampullen zusammen, wird Körperflüssigkeit in die Füßchen gepresst, so dass sie sich strecken oder an einer Oberfläche festsaugen. Entspannt die Muskulatur wieder, strömt die Flüssigkeit vom Füßchen wieder zurück und die ___ löst sich von der Unterlage. Die Füßchen liegen aber nicht isoliert im Körper, sondern sind über insgesamt fünf ___ mit dem ___ verbunden. Dieser Kanal führt zur ___.

Hier sind die Stachelhäuter in der Lage, einen Druckausgleich vorzunehmen und Meerwasser mit der Umgebung auszutauschen. Du kannst die Madreporenplatte als kleine helle Scheibe an der Oberseite des Seesterns erkennen.

Versuch 2: Wie verhält sich der Seestern bei unterschiedlichem Salzgehalt?

Wie jedes Lebewesen im Meer hat auch der Seestern einen Salz-Toleranzbereich, bei dem er leben kann. Ursprünglich kommen die Seesterne aus Gebieten mit höherem Salzgehalt, wie zum Beispiel der Nordsee. Daher ist der Seestern an höhere Salzkonzentrationen angepasst und kommt in der süßeren Ostsee nur bis circa Rügen vor. Die Ostsee nordöstlich von Rügen ist zu süß für den Seestern. Mithilfe von Sinneszellen kann der Seestern den Salzgehalt des Wassers messen.

MATERIALIEN

- vier rechteckige Gefäße gleicher Größe
- Leitungswasser
- Meersalz
- Messbecher
- Seesterne
- Waage

DURCHFÜHRUNG

1. Stellt das Testwasser für die Versuche aus Leitungswasser und Meersalz her. Die Maßangaben dafür findet ihr in der Versuchsskizze.

2. Füllt die Gefäße mit dem Wasser der unterschiedlichen Salzgehalte (A–D) bis zum Rand und markiert die Becken mit den Buchstaben.

3. Stellt die Gefäße Kante an Kante zusammen (wie in der Abbildung).

4. Legt nun den Seestern so auf die Ecken der Gefäße, dass jeweils ein Arm in ein Becken ragt und der eine verbliebene Arm auf einer Kante liegt.

5. Beobachtet, wohin sich der Seestern bewegt.

Becken A Süßwasser (Leitungswasser)	Becken C Ostseewasser (15-18 g/Liter)
Becken B Nordseewasser 30-34 g/Liter	**Becken D** Süßwasser (Leitungswasser)

Versuchsskizze, Anordnung und Salzgehalt der Wasserbecken

BEOBACHTUNG

Beschreibt eure Beobachtung

____

____

AUFGABE

Wo könnte das Sinnesorgan liegen, mit dem der Seestern den Salzgehalt des Wassers erkennen kann? Tragt die Lage des Organs in eure Skizze ein.

Prof. Dr. Martin Wahl forscht zu den Themen **Anti-Fouling**, der **Benthosökologie** und der **Chemischen Ökologie**. Er hat unter anderem die **Benthokosmen** am GEOMAR Helmholtz-Zentrum für Ozeanforschung Kiel entwickelt.

Die Benthokosmen stehen auf einem Ponton am Ufer der Kieler Förde. Die Versuchsbecken werden mit dem Ostseewasser der Förde versorgt, so dass ein nahezu natürliches Habitat in den Becken erzeugt werden kann. Einzelne Parameter wie z.B. die Wassertemperatur oder die CO_2-Konzentration im Wasser lassen sich leicht variieren, so dass die Auswirkungen des Klimawandels auf die Benthosorganismen im nahezu natürlichen Lebensraum beobachtet werden können.

Abb. 3: Benthokosmen in der Kieler Förde. © GEOMAR

Wirbellose Meerestiere – Die Miesmuschel

Abb. 1: Die Miesmuschel.

Die im Atlantik sowie in der Nord- und Ostsee vorkommende Gemeine Miesmuschel *(Mytilus edulis)* ist eine festsitzende Muschel, die sich aber mit Hilfe ihres Fußes fortbewegen kann (halbsessil). Um nicht von der Strömung weggetragen zu werden, heften sich Miesmuscheln an ihren Untergrund. Dazu bilden sie sogenannte Byssusfäden aus. Angepasst an den schwankenden Wasserstand in ihrem Lebensraum, können Miesmuscheln ohne Probleme für einige Zeit trocken fallen. In dieser Zeit schließt sich die Schale und die Muschel speichert Wasser in ihrem Mantelraum.

Die Miesmuschel ist ein Filtrierer: Wird sie mit Wasser umspült, öffnet sie sich langsam und lässt das Meerwasser durch sich hindurchströmen. Aus dem durchfließenden Wasser nimmt sie den gelösten Sauerstoff zum Atmen auf und filtert ihre Nahrung heraus: das Plankton. Dieses besteht aus z.B. Kiesel- und Grünalgen, aber auch aus kleinen Tieren, wie z.B. Krebslarven. Die Nahrung wird in einer Kiemenrinne zum Mund transportiert. Nichtverdauliche Bestandteile werden eingeschleimt und an der oberen Seite der Einströmöffnung ausgeschieden.

Durch das Filtrieren kommen den Miesmuscheln gleich zwei wichtige Bedeutungen in den Meeren zu: Zum einen reinigen sie das Wasser, indem eine Miesmuschel täglich 45-70 Liter Meerwasser filtert. Zum anderen lagern sich die ausgeschiedenen nichtverdauten Bestandteile am Grund ab. So bilden sie einen Teil des Sediments des Meeresbodens.

Systematik der Miesmuschel

Stamm	**Weichtiere** (Mollusken)	Neben den Schnecken und Tintenfischen gehören auch die Muscheln zu den Weichtieren. Weichtiere bestehen aus einem Kopf mit Fuß und einem Körper mit Schale. Der Körper wird vom inneren Druck aufrecht gehalten, die Schale schützt vor Fressfeinden.
Klasse	**Muscheln** (Bivalvia)	Das Besondere bei Muscheln ist eine aus zwei Teilen bestehende Schale, die über eine Arte Schloss an einer Seite fest miteinander verbunden sind.
Familie	**Miesmuschel** (Mytilidae)	Miesmuscheln leben hauptsächlich in den Gezeiten- und Schelfbereichen der Meere.
Art	**Gemeine Miesmuschel** (Mytilus edulis)	Die Schale der gemeinen Miesmuschel ist vorne stark bauchig und im Umriss länglich-dreieckig. Sie wird abhängig von den Lebensbedingungen (z.B. Salzgehalt und Temperatur) bis zu 15 cm lang und 10 Jahre alt. **Verbreitung:** nördlicher und südöstlicher Atlantik, nordöstlicher und südwestlicher Pazifik **Lebensraum:** Gezeiten- und Schelfbereiche der Meere, Besiedler von Hartsubstrat (Steine, Felsen, etc.)

AUFGABE

Larve der Miesmuschel
Wie die meisten Meeresbewohner hat auch die Miesmuschel zwei Lebensphasen. Nach dem Schlüpfen aus Eiern treibt die Miesmuschellarve zunächst einige Wochen als Zooplankton im Meerwasser. Bei dem sogenannten Larvenfall sinkt sie zu Boden und entwickelt sich dort zum adulten (geschlechtsreifen) Tier.

1. Recherchiert im Internet nach einer Abbildung der Miesmuschellarve. Fertigt eine Skizze der Larve an.

Skizze: Larve der Gemeinen Miesmuschel (Mytilus edulis)

Versuch 1: Wie ernähren sich Miesmuscheln?

MATERIALIEN

- 2 kleine Aquarien
- Schlicksuspension (trübes Meerwasser)
- Miesmuscheln

DURCHFÜHRUNG

1. Füllt in die beiden Aquarien ca. 1 Liter der Schlicksuspension.
2. Gebt in eins der Aquarien 5 Miesmuscheln, das andere Aquarium ist die Kontrolle und bleibt ohne Muscheln.
3. Beobachtet nun die Muscheln im Aquarium und wartet, bis sie sich öffnen. Notiert eure Beobachtungen zu Beginn, nach 5, 10 und 15 Minuten.
4. Beobachtet genau die Öffnungen des Weichkörpers.

BEOBACHTUNG

Aquarium mit Miesmuscheln			
Zu Beginn	5 Minuten	10 Minuten	15 Minuten

Aquarium ohne Miesmuscheln (Kontrolle)			
Zu Beginn	5 Minuten	10 Minuten	15 Minuten

Beschreibt eure Beobachtungen in einem Satz und erklärt sie!

____

____

____

____

Versuch 2: Wie filtrieren Miesmuscheln?

MATERIALIEN

- flache Schalen mit Meerwasser
- 3–4 Miesmuscheln
- Lebensmittelfarbe
- Pipette

DURCHFÜHRUNG

1. Legt die Miesmuscheln in die mit Salzwasser gefüllten Schalen und wartet, bis die Muschelklappen etwas geöffnet sind. Die Muscheln müssen dazu mit Wasser bedeckt sein. Vorsicht! Die Muscheln öffnen sich nur, wenn sie nicht gestört werden. Berührungen und Erschütterungen unbedingt vermeiden.

2. Gebt vorsichtig einen kleinen Tropfen Farbstofflösung in die Nähe der Öffnungen. Ihr solltet hier sehr vorsichtig vorgehen, da sich ansonsten schnell das ganze Wasser färbt und die Beobachtung erschwert wird.

3. Beobachtet, an welcher Stelle der Muschel der Farbstoff verschwindet und wo er wieder austritt, d.h. wo die Ein- und Ausströmöffnung ist.

4. Zeichnet eine Skizze der Miesmuschel. Tragt die Ein- und Ausströmöffnung in eure Zeichnung ein.

5. Kennzeichnet in eurer Zeichnung die Fließrichtung des Wassers mit Pfeilen.

BEOBACHTUNG

Benthokosmen am GEOMAR – Lebensgemeinschaften im Miniformat

Prof. Dr. Frank Melzner ist Meeresbiologe und arbeitet am GEOMAR Helmholtz-Zentrum für Ozeanforschung in Kiel. Er untersucht küstennahe Lebensgemeinschaften in sogenannten Benthokosmen. Darunter versteht man große Wassertanks, die von Meerwasser durchspült werden und in denen sich spezielle Umweltbedingungen simulieren lassen.

Wirbellose Meerestiere – Die Seepocke

Abb. 1: Eine Seepocke filtriert mit ihren Rankenfüßen Plankton aus dem Meerwasser.

Auch wenn sie äußerlich kaum Ähnlichkeiten haben, gehören Seepocken zu den **Krebsen**. Nach der Befruchtung im Frühling verlassen hunderte **bewegliche Naupliuslarven** die erwachsenen Tiere. Sie lassen sich durch Meeresströmungen transportieren, bis sie sich nach einiger Zeit an einer Oberfläche wie z. B. an Steinen, Holzpfählen, Schiffsrümpfen oder sogar anderen Tieren (Miesmuscheln, Krebse, Wale) festsetzen. Dafür saugen sich die Seepocken an dem Untergrund fest und bilden anschließend einen kegelförmigen **Kalkpanzer** um ihren **Weichkörper** herum aus. Die erwachsenen Tiere können ihren Standort dann nicht mehr verlassen, sie sind also **sessil**. Die Beine der Krebse sind zu **Rankenfüßen** umgebildet. Durch das Aneinanderlagern dieser mit Borsten ausgestatteten Beine entsteht ein engmaschiger Fächer. Seepocken ernähren sich von Plankton, das sie mithilfe der fächerformigen Rankenfüße aus dem Meerwasser filtern.

Systematik der Seepocke

Stamm	**Gliederfüßer** (Arthropoda)	Krebstiere gehören neben den Insekten, Spinnen und Skorpionen zu den Gliederfüßern. Sie stellen den größten Stamm im Tierreich dar. Sie verfügen über ein Außenskelett, einen gegliederten Körper sowie bewegliche Gliedmaßen.
Unter-stamm	**Krebstiere** (Crustacea)	Die meisten Krebstiere verfügen über zwei Antennenpaare und bestehen aus zwei Körpersegmenten. Die Larven der Krebstiere (Naupliuslarve) aber auch einige adulte Tiere machen einen Großteil des Planktons aus.
Familie	**Rankenfüßer** (Cirripedea)	Aus der Familie der Rankenfüßer sind ca. 800 Arten bekannt. Mit ihren beborsteten Gliedmaßen, den Cirren, filtern sie Plankton aus dem Meerwasser.
Art	**Gemeine Seepocke** (Semibalanus balanoides)	Die Gemeine Seepocke wird 0,5–3cm groß. Sie lebt sessil auf festen Oberflächen von z.B. Steinen, Felsen oder Muscheln. **Verbreitung:** nordwestlicher und nordöstlicher Atlantik, Pazifikküste Nordamerikas **Lebensraum:** Gezeitenzone felsiger Küsten, besiedelt Hartböden aller Art (Muschelschalen, Krebspanzer, Schiffsrümpfe etc.)

AUFGABE

Beschriftet die Abbildung mithilfe des Einleitungstextes.

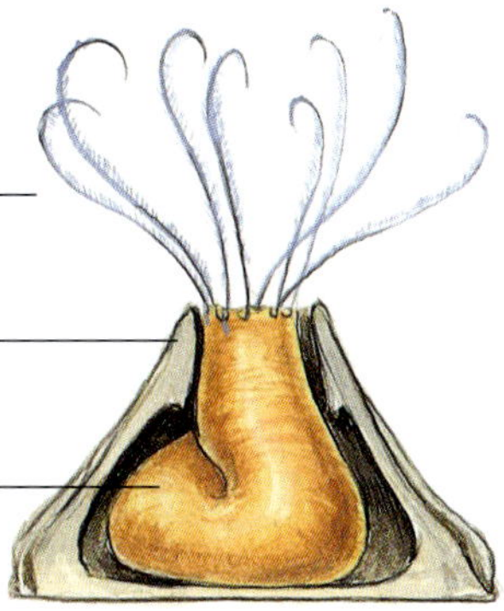

____

____

____

Abb. 2: Schematische Darstellung einer Seepocke.
© wissenmedia/Johann Brandstetter/Arno Kolb

AUFGABE

Larve der Seepocke
Wie der Seestern oder die Miesmuschel hat auch die Seepocke zwei Lebensphasen. Nach dem Schlüpfen aus Eiern, treibt die Seepockenlarve zunächst einige Zeit als Zooplankton im Meerwasser, bevor sie zu Boden sinkt und sich dort zum adulten (geschlechtsreifen) Tier entwickelt. Die Larven der Seepocken durchlaufen mehrere Entwicklungsstadien. Zunächst entwickelt sich die Naupliuslarve. Damit ist sie jedoch nicht alleine, denn Napliuslarven kommen bei allen Krebsen vor. Es ist ein Merkmal aller Krebstiere und zeigt ihre Verwandtschaft. Aus den Naupliuslarven entwickeln sich die Cyprislarven, die dann dem adulten Tier ähneln.

1. Recherchiert im Internet nach einer Abbildung der Seepockenlarve. Fertigt eine Skizze der Larve an.

Skizze: Larve der Gemeinen Seepocke (Semibalanus balanoides)

Versuch: Seepockenaktivität bei Raumtemperatur

Entwickelt einen Versuchsaufbau, um die Aktivität von Seepocken bei Raumtemperatur zu bestimmen. Falls ihr beim Versuchsaufbau oder bei der Durchführung Hilfe benötigt, verwendet die ausliegenden Hilfe-Karten.

1. Wählt euer Material aus den ausliegenden Geräten aus. Nicht alles muss verwendet werden.

2. Formuliert eine Versuchsdurchführung.

Achtet darauf, dass Seepocken erst aktiv werden, sobald sie komplett mit Wasser bedeckt sind.

MATERIALIEN

-
-
-
-
-
-
-
-

DURCHFÜHRUNG

1. ______________________________

____

2. ______________________________

____

3. ______________________________

____

4. ______________________________

____

BEOBACHTUNG

	Zählung 1 (Schlagzahl)	Zählung 2 (Schlagzahl)	Zählung 3 (Schlagzahl)	durchschnittliche Schlagzahl
Seepocke 1				
Seepocke 2				
Seepocke 3				
Seepocke 4				

AUFGABE

1. Begründet, warum es sinnvoll ist, den Versuch mehrfach zu wiederholen und einen Durchschnitt zu berechnen.

2. Lest die Informationen im Abschnitt „Einblick in die Forschung“. Gebt für euren Versuch die abhängige und die unabhängige Variable an.

Einblick in die Forschung

Meeresforschung: Seepocke

Möchte man untersuchen, wie sich ein bestimmter Umweltfaktor auf ein Ökosystem auswirkt, so untersucht man, wie sich diese Veränderung auf die gesamte Lebensgemeinschaft auswirkt. Dieser Faktor wird in einem **Experiment** als **unabhängige Variable** bezeichnet. Untersucht man z.B. den Einfluss eines veränderten pH-Werts des Meerwassers auf Meeresbewohner, so ist der pH-Wert des Wassers die unabhängige Variable.

Um beobachten zu können, wie sich eine Veränderung auf einen Meeresorganismus auswirkt, wählt man einen Indikator aus, der anzeigt, ob es dem Lebewesen gut oder schlecht geht. Dieser Faktor wird dann als **abhängige Variable** bezeichnet. Oft wird dazu die Aktivität eines Lebewesens beobachtet und gemessen. Dies kann z.B. ein Stoffwechselprodukt sein, das ausgeschieden wird, z.B. die CO_2-Rate oder die Wärmeabgabe. Es kann aber auch eine charakteristische, gut beobachtbare Bewegung sein. Im Falle der Seepocken lässt sich die Aktivität leicht durch das Schlagen der Rankenfüße bestimmen.

Hilfe-Karten

1. Welche Materialien benötigen wir?

- kleines Aquarium/Kristallisierschale
- Stoppuhr
- Seepocken
- Ostseewasser

2. Wie ermitteln wir die Aktivität der Seepocken?

Zählt die Schlagzahl. Legt vorher fest, wie lange ihr zählt und wie oft ihr die Zählung wiederholt.

3. Wie lange und wie oft zählen wir die Schlagzahl?

Es bietet sich an, 30 Sekunden die Schläge der Rankenfüße zu zählen. Führt die Zählung drei Mal durch, um Zufallsergebnisse zu minimieren.

Wale und Robben

Abb. 1: Schweinswale in Kerteminde. © Peter Verhoog

Wale und Robben gehören zu den Meeressäugern. Es gibt etwa 130 Arten. Neben den Walen und Robben gehören auch Seekühe, Seeotter und Eisbären dazu. Meeressäuger haben besondere Eigenschaften entwickelt, um sich effizient im Wasser zu bewegen und um zu tauchen. Einige Arten können sehr lang (stundenlang) und sehr tief (mehrere Kilometer) tauchen. Da die Durchschnittstemperatur des Ozeans nur gerade einmal 4°C beträgt, haben die Meeressäuger auch besondere Anpassungen um Wärme zu speichern, meist durch eine eindrucksvolle Pelz- oder Speckschicht. Außerdem können die meisten Meeressäuger gut unter Wasser sehen und hören.

Meeressäuger ernähren sich ganz unterschiedlich. Bartenwale ernähren sich von Krill und anderen kleinen Tieren, während Zahnwale Fische und Tintenfische fressen. Einige Delfine, Orcas und auch Kegelrobben fressen auch andere Meeressäuger. Seekühe hingegen ernähren sich von Algen und Meerespflanzen. Menschliche Aktivitäten bedrohen Meeressäuger auf vielfältige Weise. Schweinswale verfangen sich in Fischernetzen und enden somit als Beifang. Schadstoffe aus der Industrie reichern sich im Blubber (Speckschicht) der Wale an. Zudem verwechseln Wale Kunststoffe aus der Fischerei oder dem alltäglichen Leben mit ihrer Nahrung. Beispielsweise wurden 2016 in den Mägen gestrandeter Pottwale Unmengen an Müll gefunden. Auch Unterwasserlärm von Booten, Sonargeräten und Bauarbeiten stellt ein großes Problem für die Tiere dar.

AUFGABE

1. Beschriftet beide Abbildungen mit folgenden Begriffen:

Abb. 2 und 3: Zeichnung eines Schweinswals und eines Seehunds. © MARINE MAMMALS, Annika Toth

Meeressäuger der Ostsee

Art	Vorkommen	Besonderheit
Schweinswal © Dennis Brennecke	Küstengewässer der nördlichen Hemisphäre im Atlantik und Pazifik sowie in der westlichen und nördlichen Ostsee	• Einzige Walart, die das ganze Jahr in der Ostsee zu sehen ist. • Verwendet Echoortungsklicks (= Schallwellen werden als Klicks ausgesendet) hoher Frequenz, um sich in seiner Umgebung zu orientieren. • Die Population in der zentralen Ostsee ist vom Aussterben bedroht.
Kegelrobbe © Katrin Wollny-Goerke	Ost-, und West-atlantik, auch im nördlichen und zentralen Teil der Ostsee	• Erwachsene Männchen können eine Länge von 2,5 m erreichen und bis zu 300 – 400 kg wiegen. • Durch Jagd und Schadstoffe war die Population in dem Zeitraum 1970 – 1980 in der Ostsee sehr stark reduziert. • Von Zeit zu Zeit kann ihre Fisch-Nahrung mit Seevögeln, Robben und Schweinswalen bereichert werden.
Seehund © Katrin Wollny-Goerke	Küstengewässer der nördlichen Hemisphere im Atlantik und Pazifik sowie in der westlichen und nördlichen Ostsee	• Durch Jagd war die Anzahl der Tiere in den 1960er Jahren auf 200 Tiere geschrumpft. • Mehrere nordeuropäische Populationen waren stark von mehreren Ausbrüchen des Phocine-Staupe Virus betroffen, haben sich aber nach den vielen dadurch verursachten Todesfällen rasch erholt. • Eine der am weitesten verbreiteten Arten der Robben.
Ringelrobbe © NOAA Seal Survey	Zirkumpolares Vorkommen (= rund um die Polkappe) im Arktischen Becken, auch im nördlichen und östlichen Teil der Ostsee	• Kleinste Robbenart in der Ostsee. • Diese Robbenart baut Höhlen auf dem Eis und unter dem Schnee mit Zugang zum Wasser, sie nutzen dafür ihre kräftigen Klauen. In den Bauten gebären und säugen sie ihre Jungen, um sie vor der Kälte und Feinden zu schützen. • Als eine arktische Art, die die Ostsee bewohnt, handelt es sich bei der Ringelrobbe um ein Relikt aus der Eiszeit.

AUFGABE

Evolution der Wale

Wale sind Säugetiere, genauso wie Menschen. Die Vorfahren der Wale waren Paarhufer und haben an Land gelebt. Der älteste Vorfahre war Pakicetus, der vor 50 Millionen Jahren lebte. Er hatte vier Beine, keine Flossen und war Räuber mit spitzen Zähnen und mächtigen Kiefern. Er lebte in Ufernähe und lauerte im Wasser auf Beute.

1. Beschreibt mit Hilfe der Abbildung 4 die Entwicklung von *Remingtonocetidae* bis zu den heutigen Walen. Welche anatomischen Veränderungen gab es in der Evolution?

____

____

____

____

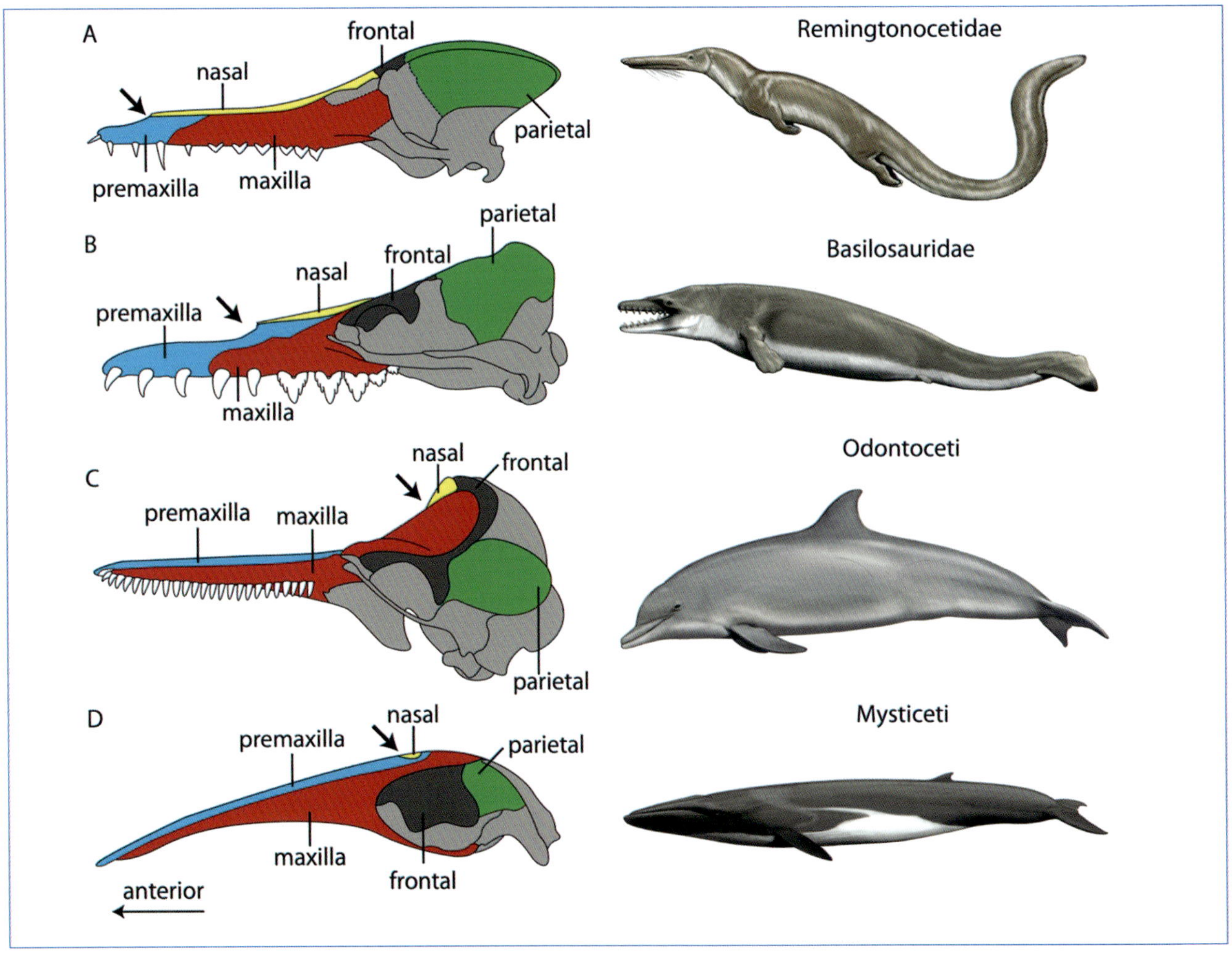

Abb. 4: Remingtonocetidae vor 45 Mio. Jahren, Basilosauridae vor 40 Mio. Jahren und heutiger Zahnwal (Odontoceti) und Bartenwal (Mysticeti) – Quelle: Review of the cetacean nose: form, function, and evolution, Anatomical record (Hoboken, N.J. : 2007), 2014, Ted Cranford, Eric Ekdale, Annalisa Berta

Anpassungen an das Leben im Meer

Im Wasser zu leben ist mit einer Reihe von Herausforderungen verbunden, besonders bei Meeressäugern und Vögeln, die mit Lungen atmen. Daher haben sie einige Anpassungen entwickelt, die ein Leben im Wasser ermöglichen. Hier denken vermutlich die meisten zuerst an Sauerstoffmangel, der während längerer Tauchgänge auftreten könnte. Es gibt jedoch noch weitere Herausforderungen, die überwunden werden müssen, um erfolgreich im Wasser leben zu können. Gleichwarme Tiere müssen den Wärmeverlust so gering wie möglich halten. Durch Fett oder Fell können sich Meeressäuger gut isolieren.

Abb. 5: Eine Pottwal-Mutter und ihr Kalb vor der Küste von Mauritius. Pottwale können bis auf 2250m tief tauchen. © Gabriel Barathieu

Thermoregulation der Meeressäuger

Thermoregulation ist, wenn ein Organismus in der Lage ist, seinen Körper warm zu halten, auch wenn seine Umgebung kälter ist. Wenn Meeressäuger ins Wasser tauchen, müssen sie ihren Körper warmhalten. Eine Möglichkeit, dies zu tun, ist durch eine extra dicke Speckschicht namens Blubber oder durch einen dicken Pelz gegeben. Der Blubber hilft dabei, den Körper zu isolieren und erlaubt den Tieren, ohne Unterkühlung in kaltem Wasser zu bleiben.

Versuch 1: Wie schützen sich Meeressäuger vor der Kälte?

Die Temperatur des Ozeanwassers sinkt mit der Tiefe rasch ab und pendelt sich schließlich in ca. 550 m bei etwa 5°C ein. Meeressäuger müssen in der Lage sein, in diesem kalten Wasser warm zu bleiben. Dafür haben sie eine extra dicke Hautschicht, die als Speck bezeichnet wird oder besitzen einen Pelz.

MATERIALIEN

- Eimer
- kaltes Wasser
- Eiswürfel
- Thermometer
- Butterhandschuh
- Wollhandschuh
- Plastikhandschuh
- Stoppuhr
- Hand-Dynamometer (falls vorhanden)

DURCHFÜHRUNG

1. Baut einen Butterhandschuh, der die Fettschicht der Wale darstellt. Dafür nehmt ihr Butter und füllt sie in einen möglichst länglichen Gefrierbeutel. Steckt nun einen zweiten Gefrierbeutel hinein, sodass ihr nicht direkt die Butter anfassen müsst.

2. Füllt einen Eimer mit Wasser und kühlt es auf 5°C mit Eiswürfeln herunter.
   Achtung: Habt ihr ein Hand-Dynamometer, dann messt eure Kraft vor Schritt 3, nach Schritt 3, nach Schritt 4 und nach Schritt 5 dieser Durchführung.

3. Zieht jetzt den Butterhandschuh an und taucht die Hand in das kalte Wasser. Haltet sie dort 60 Sekunden lang. Bestimmt, wie kalt sich das Wasser anfühlt und tragt es in die Tabelle ein. Benutzt hierfür folgende Kategorien: Sehr kalt, leicht kühl, leicht warm, sehr heiß.

4. Zieht jetzt den Wollhandschuh an und einen dünnen Plastikhandschuh darüber, taucht die Hand in das kalte Wasser und haltet sie dort erneut 60 Sekunden lang. Bestimmt auch für diesen Ansatz, wie kalt sich das Wasser anfühlt.

5. Entfernt dann den Handschuh und taucht die Hand in das kalte Wasser. Haltet sie wiederum 60 Sekunden lang dort und notiert eure Temperaturwahrnehmung.

Wassertemperatur: ___ °C	Kälteempfinden
1. Vor dem Versuch	
2. Mit Butterhandschuh	
3. Mit Wollhandschuh	
4. Ohne Schutz	

BEOBACHTUNG

Versuch 2: Warum können Meeressäuger solange ohne zu atmen unter Wasser bleiben?

Pottwale können bis zu 2250 Meter in die kalten Ozeantiefen hinabtauchen. Dabei bleiben sie bis zu anderthalb Stunden und länger unter Wasser, um in den Tiefen Tintenfische zu jagen. Doch wie ist das möglich?

MATERIALIEN

- flaches Becken
- kaltes Wasser (ca. 10 °C)
- Thermometer
- Pulsmessgerät, Fitnessuhr oder Fingerpulsmesser
- Stoppuhr

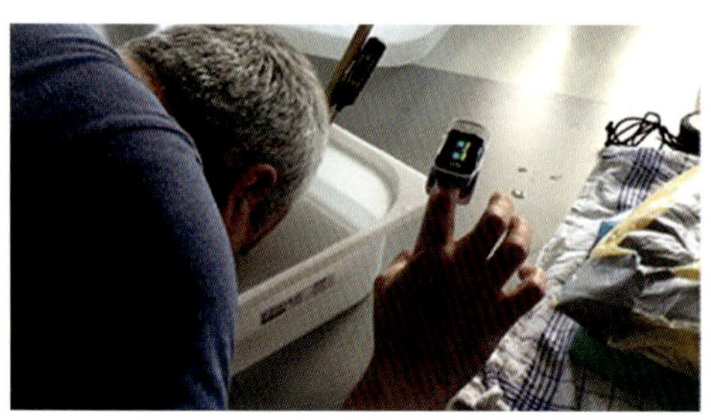

Abb. 6: © MARINE MAMMALS

DURCHFÜHRUNG

1. Messt die Temperatur des Wassers und haltet sie in der Tabelle fest.

2. Setzt das Pulsmessgerät auf den Zeigefinger und messt die Herzfrequenz. Haltet das Ergebnis in der Tabelle unter „Normal“ fest.

3. Taucht nun das Gesicht für etwa 30 Sekunden in kaltes Wasser. Messt währenddessen erneut den Puls mit dem Pulsmessgerät. Beobachtet, wie sich der Puls während des Tauchgangs verändert. Notiert den niedrigsten Wert in der Tabelle.

Wassertemperatur: ___ °C	Puls Person 1 (bpm)	Puls Person 2 (bpm)	Puls Person 3 (bpm)	Puls Person 4 (bpm)	Blauwal (bpm)
1. Normal					30 an der Oberfläche
2. unter Wasser					2 während Tauchgang

Alle Säugetiere atmen Sauerstoff aus der Luft. Säugetiere speichern Sauerstoff in ihrem Blut und ihren Muskeln. Der Tauchreflex geschieht, wenn Säugetiere in kaltem Wasser tauchen und ihre Körper die Sauerstoffversorgung so wenig wie möglich nutzen möchten. Die Verwendung von weniger Sauerstoff bedeutet, dass sie nicht so oft an die Oberfläche kommen müssen und dadurch länger unter Wasser bleiben können. Die Herzfrequenz wird verringert, das weist darauf hin, dass der Tauchreflex aktiviert wurde. Dies bedeutet, dass weniger Blut durch den Körper gepumpt wird und daher weniger Sauerstoff beim Tauchen verbraucht wird. Der Reflex ist bei Meeressäugern stärker, so dass sie über einen längeren Zeitraum unter Wasser bleiben können.

Dr. Dennis Brennecke, Meeresbiologe, promoviert am Institut für Terrestrische und Aquatische Wildtierforschung der Tierärztlichen Hochschule Hannover und an der University of Southern Denmark. In seiner Doktorarbeit konzentrierte er sich auf den Beifang von Schweinswalen in der Ostsee.

Dennis Brennecke erforscht die Ursachen der zahlreichen Schweinswalbeifänge in der Ostsee. Dafür analysiert er Beifangdaten aus 30 Jahren und kombiniert die Ergebnisse mit Umweltdaten, um zu untersuchen, ob bestimmte Wetterbedingungen einen Einfluss auf den Beifang haben. Zusätzlich setzt er Drohnen ein, um das Verhalten von Schweinswalen zu beobachten und herauszufinden, wie akustische Alarmgeräte (Pinger) das Verhalten von Schweinswalen beeinflusst. Das ist wichtig, um das Verhalten der Schweinswale zu verstehen und somit die Ursachen des Beifangs.

In diesem Film kannst du sehen, wie Dennis arbeitet.

Das Nahrungsnetz des Ozeans

Abb. 1: Schweinswal auf der Jagd. (Quelle: Sara Ortiz)

Der Ozean ist ein großer zusammenhängender Lebensraum, in dem eine Vielzahl an Meeresbewohnern leben. Sie bilden zusammen eine Lebensgemeinschaft (Biozönose). Unter einer Lebensgemeinschaft versteht man nicht nur Individuen einer Art, sondern die Gesamtheit aller Lebewesen an einem Ort. Dazu zählen alle pflanzlichen und tierischen Lebewesen sowie die Mikroorganismen (z.B. Bakterien und Pilze).

Da sich die abiotischen Faktoren, also die unbelebten Umweltfaktoren wie z.B. die Lichtintensität, der Salzgehalt, der Druck oder die Temperatur in den unterschiedlichen Bereichen des Ozeans stark unterscheiden, hat dies Auswirkungen auf die Zusammensetzung der Lebensgemeinschaft. Die einzelnen Lebewesen in dieser Lebensgemeinschaft stehen untereinander in verschiedener Wechselwirkung. Ein Beispiel dafür sind Räuber-Beute-Beziehungen.

Die Grundlage eines Nahrungsnetzes bilden die Pflanzen. Große Algen aber vor allem die kleinen Mikroalgen (Phytoplankton) betreiben Fotosynthese und produzieren dabei aus Kohlenstoffdioxid mit Hilfe des Sonnenlichts Zucker und Sauerstoff. Sie werden deshalb auch Produzenten genannt. Durch die Fotosynthese der Algen werden mehr als die Hälfte des Sauerstoffs in unserer Atmosphäre produziert.

Vom Phytoplankton ernährt sich das tierische Plankton (Zooplankton), wie z.B. Ruderfußkrebse aber auch Schnecken- und Fischlarven. Sie alle stellen die Konsumenten 1. Ordnung dar, die von Fischen oder Filtrierern, den Konsumenten 2. Ordnung, gefressen werden. Diese werden dann wiederum von größeren Meeresbewohnern wie Haien oder Walen gefressen, den Konsumenten 3. Ordnung. Diese Abfolge wird als Nahrungskette bezeichnet.

Da größere Meeresbewohner wie z.B. Haie sich von mehreren Tierarten ernähren, entsteht ein verzweigtes Netz aus Nahrungsbeziehungen, man spricht auch vom Nahrungsnetz. Destruenten (Zersetzer) bauen abgestorbene Pflanzen, Pflanzenteile und tote Tiere ab und stellen so die Grundbausteine für das Nahrungsnetz wieder zur Verfügung.

AUFGABE 1

Das Nahrungskettenspiel am Beispiel der Ostsee
Um die komplexen Zusammenhänge in einem Nahrungsnetz selbst zu erfahren, schlüpft ihr nun in die Rolle von einigen Vertretern des Nahrungsnetzes der Ostsee.

MATERIALIEN

- Rollenkarten
- verschieden farbige Wollknäule

DURCHFÜHRUNG

1. Sucht euch eine große freie Fläche z.B. auf dem Schulhof. Bildet 6er-Gruppen und bestimmt einen/eine Spielleiter/in, der/die das Spiel moderiert und die Durchführung vorliest.
2. Stellt euch in einen Kreis auf und verteilt nun alle Rollenkarten bis auf die Rippenquallen-Karte. Diese bleibt bei der/dem Spielleiter/in. Legt die Karten gut sichtbar vor euch hin.
3. Die Person, die das Phytoplankton gezogen hat, nimmt das Wollknäuel, hält das Ende fest und wirft das Knäuel zu einem/einer Mitschüler/in mit einem Lebewesen, welches das Phytoplankton frisst.
4. Diese Person hält den Faden fest und wirft das Wollknäul zu dem oder der nächsten Mitspieler/in mit einem Lebewesen, von dem das eigene Tier gefressen wird. So geht es weiter bis ein Endkonsument erreicht ist.
5. Dann wird mit einem weiteren Wollknäuel gestartet. Führt das Spiel solange weiter durch, bis alle Mitspielenden mit einem Lebewesen einen Faden in der Hand halten. Ihr könnt auch mehrere Fäden in der Hand halten.
6. Nun kommt die Rippenqualle ins Spiel. Der/die Spielleiter/in stellt sich mit der Karte neben die Person mit dem Zooplankton und liest die Infobox zur Rippenqualle vor. Alle, die mit der Rippenquelle um Nahrung konkurrieren gehen nun vorsichtig zwei Schritte zurück.
7. Die moderierende Person stellt nun die folgenden Fragen:
   - Was habt ihr bemerkt? Was symbolisiert das Ziehen?
   - Wie wirkt sich das Vorkommen der invasiven Art auf das Nahrungsnetz aus?
   - Wie wird sich die Population der Miesmuschel, der Sandgarnele, der Seepocke und des Herings verändern?
   - Wie wird sich das Vorkommen des Phytoplanktons verändern?
   - Was bedeutet dies für die anderen Lebewesen des Nahrungsnetzes?

Rollenkarten

SEESTERN

frisst:

Miesmuscheln

wird gefressen von:

Erwachsene Seesterne werden nur von sehr wenigen Tieren gefressen. Bei uns fressen z.B. große Raubfische, wie der Dorsch den Seestern.

KABELJAU / DORSCH

frisst:

Felsengarnelen, Miesmuscheln, Seesterne

wird gefressen von:

Robben, Schweinswalen

MIESMUSCHEL

frisst:

Phytoplankton, Zooplankton

wird gefressen von:

Seesternen, Silbermöven

HERING

frisst:

Zooplankton

wird gefressen von:

Schweinswalen

FELSENGARNELE

frisst:

Zooplankton

wird gefressen von:

Robben, Schollen

SCHOLLE

frisst:

Miesmuscheln, Felsengarnelen

wird gefressen von:

Raubfischen

PHYTOPLANKTON

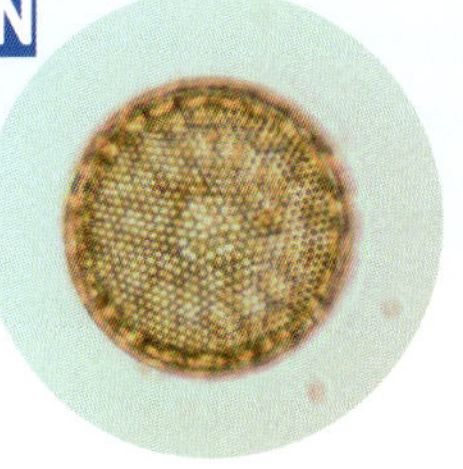

frisst:

Phytoplankton stellt die eigene Nahrung aus Sonnenlicht und Kohlenstoffdioxid her.

wird gefressen von:

Zooplankton, Seepocken, Miesmuscheln

ZOOPLANKTON

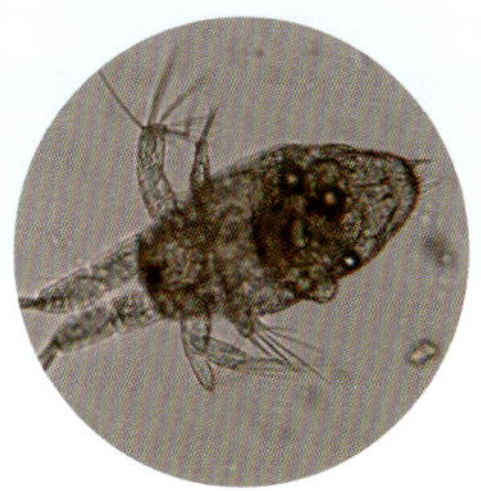

frisst:

Phytoplankton

wird gefressen von:

Miesmuscheln, Seepocken, Heringen

SCHWEINSWAL

frisst:

Heringe, Sandaale, Seezungen, Grundeln, Dorsche, Sprotten

wird gefressen von:

Der Schweinswal ist durch den Menschen gefährdet.

RIPPENQUALLE

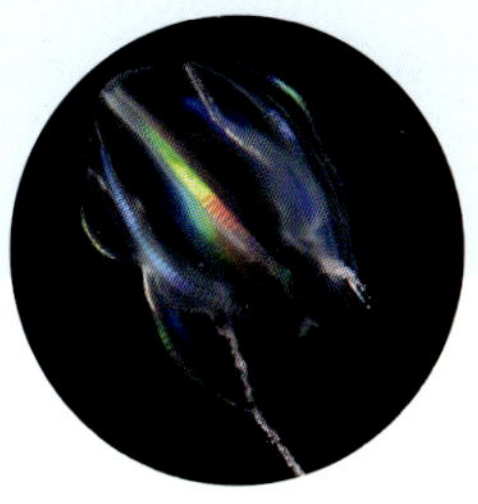

frisst:

Phytoplankton, Zooplankton, u.a. auch Fischlarven

wird gefressen von:

In der Nord- und Ostsee hat die Rippenqualle keine Fressfeinde.

Rippenqualle

Die Meerwalnuss (*Mnemiopsis leidyi*) ist eine kleine Rippenqualle, die bis zu 10 cm lang wird. 2006 gelangte sie wahrscheinlich mit Ballastwasser von Frachtschiffen von der Ostküste Nordamerikas nach Nordeuropa. Die Tiere filtern bis zu 200 Liter Wasser am Tag um an ihre Nahrung zu kommen: tierisches Plankton. Eine ausgewachsene Meerwalnuss kann mehr als 10.000 Eier am Tag legen, wodurch sie sich sehr schnell vermehrt.

In der Nord- und Ostsee hat die Rippenqualle keine Fressfeinde und kann sich daher extrem gut verbreiten. Die Meerwalnuss wird auch als invasive Art bezeichnet, da sie durch ihre enorme Ausbreitungskraft das Ökosystem verändern und heimische Arten verdrängen kann.

Abb. 2: Meerwalnuss (*Mnemiopsis leidyi*).

Energiefluss im Ökosystem Meer

Der Blauwal stellt mit bis zu 190 t das schwerste Tier der Erde dar. Dies entspricht einem Gewicht von ca. 2500 erwachsenen Menschen. Um ein solches Gewicht zu erlangen, muss der Blauwal riesige Mengen an Nahrung zu sich nehmen. Ein Großteil der aufgenommenen Nahrung wird jedoch nicht in Körpermasse umgesetzt, sondern wird für Stoff- und Energiewechselprozesse benötigt.

Damit ein Lebewesen wachsen kann, benötigt es **Energie** in Form von pflanzlicher oder tierischer Biomasse. Die aufgenommene Nahrung sorgt dafür, dass alle Lebensvorgänge wie z.B. die **Bewegung** oder die Aufrechterhaltung des **Wärmehaushalts** ablaufen können. Circa 90 % der aufgenommenen Nahrung werden dafür verwertet. Nur die restlichen 10% werden für den Aufbau von körpereigener Biomasse benötigt, also für das **Wachstum** des Lebewesens.

Als Bartenwal ernährt sich der Blauwal von Plankton, welches er mit Hilfe der Barten aus dem Wasser filtert, er ist ein sogenannter Schluckfiltrierer. Er schwimmt mit geöffnetem Maul durch planktonreiches Wasser, seine Kehlfurchen werden dabei gedehnt. Wenn das Maul voll ist, schließt er es und drückt das Wasser durch die Barten wieder heraus, die Nahrung bleibt dabei in den Barten hängen. An einem Tag kann ein Blauwal bis zu 7 Tonnen Nahrung aufnehmen. Hauptbestandteil dieser Nahrung stellen Kleinstkrebse wie Krill oder Ruderfußkrebse dar.

Damit der Blauwal ein Kilogramm schwerer wird, muss er ca. 10 Kilogramm Krill aufnehmen. Dieses extreme Beispiel macht deutlich, dass innerhalb einer Nahrungskette die Anzahl der Individuen von einer Ernährungsstufe zur nächsten abnimmt. Nur so kann die Energieversorgung aller Organismen gewährleistet werden. Solche Beziehungen lassen sich in einer Nahrungspyramide veranschaulichen.

AUFGABE 2

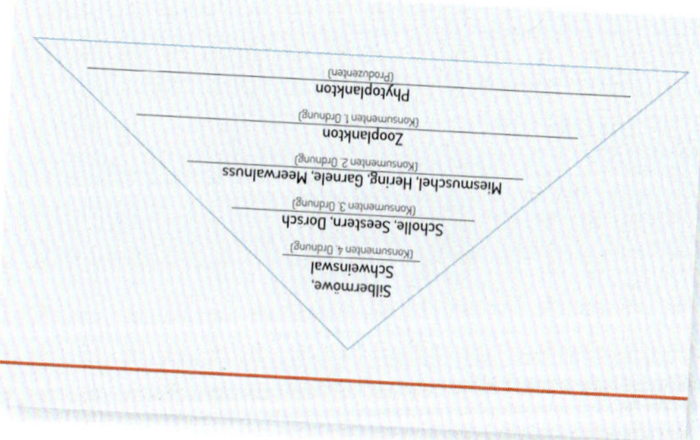

Die Nahrungspyramide

1. Sortiert die Meereslebewesen aus Aufgabe 1 in die Nahrungspyramide ein.

(Konsumenten 4. Ordnung)

(Konsumenten 3. Ordnung)

(Konsumenten 2. Ordnung)

(Konsumenten 1. Ordnung)

(Produzenten)

Modul 2

Klimawandel

Einleitung: Klimawandel

- Auswirkungen der Ozeanerwärmung auf Seepocken
- Die Versauerung des Ozeans

Abb. 1: © Markus Spiske auf Unsplash.

Einleitung: Klimawandel

Die Jahre 2016 bis 2021 sind weltweit klimatisch die wärmsten Jahre seit dem Beginn der Wetteraufzeichnungen, wobei 2016 das wärmste Jahr war. Der Meeresspiegel ist global seit 1993 um über 7 cm gestiegen (seit 1993 wird der Meeresspiegel mit Satelliten beobachtet) und die arktische Eisfläche schmilzt immer weiter. Schuld ist die hohe Konzentration an Treibhausgasen wie zum Beispiel Kohlenstoffdioxid (CO_2), Methan (CH_4) oder Distickstoffmonoxid (N_2O), mit höchsten je gemessenen Konzentrationen im Jahr 2017. Dies bestätigt der Jahresbericht der US-Klimabehörde NOAA (National Oceanic and Atmospheric Administration) und verdeutlicht drastisch, dass sich die Erde weiter erwärmt. Die Erhöhung der klimarelevanten Treibhausgase, verursacht durch das Verbrennen fossiler Energieträger, verstärkt den anthropogenen Treibhauseffekt. Von der Erde abgestrahlte Wärme wird von den Teilchen der Treibhausgase reflektiert und damit in der Atmosphäre gehalten. Mehr als 90 % dieser Wärmeenergie nimmt der Ozean aufgrund seines großen Volumens und seiner hohen Wärmekapazität auf. Dadurch verlangsamt er die Erwärmungsrate der Atmosphäre und dient als bedeutender Puffer im Klimasystem. Doch dies bleibt nicht ohne Folgen, denn die Wärmeenergie ist nicht verschwunden, sondern nur gespeichert.

Abb. 2: Das sommerliche Meereis in der Arktis wird weniger und dünner.

Abb. 3: Mit Buhnen wird der Strand vor Erosion geschützt.

Auswirkungen des erwärmten Meerwassers können bereits heute gezeigt werden. Der Ozean selbst wird wärmer, dehnt sich aus und kann Sauerstoff weniger gut speichern. Was der Atmosphäre und der Lithosphäre hilft, verursacht drastische Veränderungen im Ökosystem Ozean.

Die steigenden Konzentrationen an Treibhausgasen seit der Industrialisierung im 19. Jahrhundert sowie die flächendeckende Veränderung der Landnutzung führen zu einem Klimawandel mit den eben skizzierten Folgen.

Global gesehen hat die Erwärmung der Troposphäre, also der untersten Luftschicht der Atmosphäre, zur Folge, dass mehr Feuchtigkeit aufgenommen werden kann. Schon heute beobachtet man auch in Schleswig-Holstein eine Zunahme an Starkregenereignissen, die eben darauf zurückzuführen sind.

In anderen Teilen der Erde breiten sich die ariden Gebiete aus, während sich die Eisschilde der polaren Regionen zurückziehen. Generell hat ein Abschmelzen von Landeis eine weltweite Zunahme des Meeresspiegels zur Folge.

Wie sich die Klimaveränderungen weiter entwickeln unterliegt auch einigen Unsicherheiten. Der Weltklimarat erhebt in regelmäßigen Abständen den Forschungsstand über die Veränderungen des Klimas und den sich daraus ableitenden Folgen. Aufgrund dieses Berichtes ergeben sich Handlungsempfehlungen für politische Entscheidungsträger. Die globalen Veränderungen werden im IPCC-Report vor dem Hintergrund verschiedener Szenarien unterschiedlicher Emissionen dargestellt.

Die Erwärmung der Ostsee

Die globale Erwärmung wirkt sich selbstverständlich auch auf den Ostseeraum aus. Aufgrund ihrer geringen Größe erwärmt sich die Ostsee besonders schnell: So konnte bereits ein Temperaturanstieg von 0,85° C im letzten Jahrhundert festgestellt werden, was über dem globalen Mittel liegt. Regional gibt es jedoch Unterschiede bei den Veränderungen. Im Nordosten stieg die Temperatur um 1° C, in der südwestlichen Ostsee um 0,7° C.

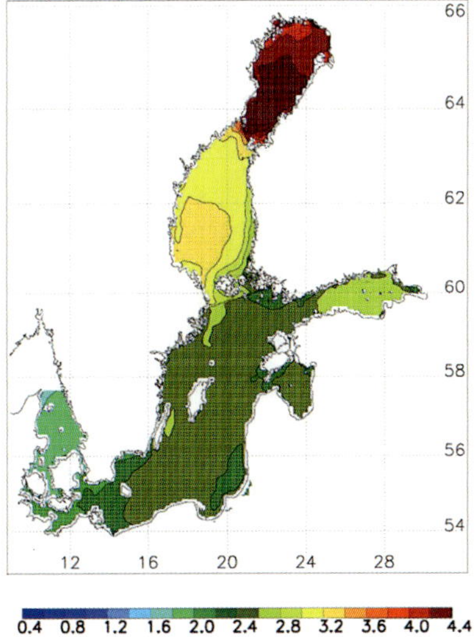

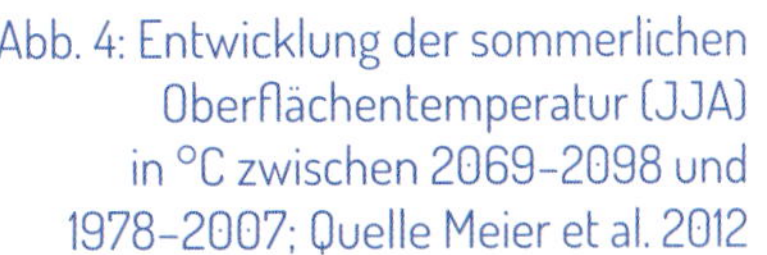

Abb. 4: Entwicklung der sommerlichen Oberflächentemperatur (JJA) in °C zwischen 2069–2098 und 1978–2007; Quelle Meier et al. 2012

Mit der Erwärmung hat sich auch die Häufigkeit extremer Temperaturen verändert. Heute gibt es an der deutschen Ostseeküste etwa zehn Sommertage (wärmer als 25 °C) mehr im Jahr und etwa 20 Frosttage weniger als in den 1950er Jahren.

Abhängig von der Region und dem Klimamodell gehen wir heute davon aus, dass die Ostsee bis 2100 2°C bis 4°C wärmer wird. Dies hat Auswirkungen auf die Lebensbedingungen vieler Organismen sowie auf die vertikale Schichtung der Ostsee.

Es ist zu erwarten, dass es bei den Veränderungen der Wassertemperatur regionale Unterschiede geben wird. Dass der Nordosten der Ostsee sich besonders stark erwärmt, liegt vor allem daran, dass es dort zu einem Rückgang der Eisbedeckung kommt. Eis und Schnee haben jedoch die Eigenschaft bis zu 90% des einfallenden Lichts und damit auch der Energie zu reflektieren. Dieses Rückstrahlvermögen wird Albedo genannt. Kommt es nun durch erhöhte Temperaturen zu einem Rückgang der Eisbildung, wird der Effekt der Erwärmung verstärkt:

Eis und Schnee mit 90% Rückstrahlungsvermögen weichen dem Wasser mit 5-20% Rückstrahlungsvermögen. Das heißt, mehr Energie wird vom Wasserkörper aufgenommen. Somit ist die Erwärmung höher als in Bereichen der Ostsee, die keine regelmäßige Eisbedeckung haben!

Abb. 5: Die Schalen von Muscheln bestehen hauptsächlich aus Kalziumkarbonat (Kalk)

Ozeanversauerung - das andere CO_2-Problem

Seit der industriellen Revolution Mitte des 19. Jahrhunderts haben Menschen allein durch die Verbrennung fossiler Energieträger wie Kohle, Erdgas und Erdöl rund 440 Milliarden Tonnen Kohlenstoffdioxid (CO_2) in die Atmosphäre entlassen. Das entspricht einem mit flüssigem CO_2-Gas beladenen Güterzug von einer Länge dreieinhalbmal zum Mond und zurück. Das Meer bindet als so genannte „CO_2-Senke" Kohlenstoffdioxid. Es nimmt mehr als ein Viertel des von Menschen produzierten Kohlenstoffdioxids auf. Ohne diesen Speicher würde sich unser Klima deutlich schneller und stärker erwärmen als wir es heute bereits feststellen. Doch im Meer reagiert das Kohlendioxid zu Kohlensäure.

Das Wasser wird saurer und damit zu einer Gefahr für große und kleine Lebewesen, die ihre Schalen und Skelette aus Kalk aufbauen.

Das aus der Atmosphäre aufgenommene CO_2 reagiert im Meerwasser mit Wasser zu Kohlensäure. Die entstehenden Wasserstoff-Ionen lassen den pH-Wert des Meerwassers sinken – es wird saurer. Dabei läuft die Reaktion von Kohlenstoffdioxid in zwei Reaktionen ab. Wenn Wasser mit Kohlenstoffdioxid zu Kohlensäure reagiert, dissoziiert die Säure und es werden Hydrogencarbonat-Ionen und Wasserstoff-Ionen freigesetzt. Die Wasserstoff-Ionen steigern den Säuregrad und reduzieren den pH-Wert:

$$CO_2 + H_2O \leftrightarrow H_2CO_3 \leftrightarrow H^+ + HCO_3^-$$

Ein Teil der in der ersten Reaktion freigesetzten Wasserstoff-Ionen reagiert mit den in Meerwasser reichlich vorhandenen **Carbonat-Ionen** (CO_3^{2-}):

$$H^+ + CO_3^{2-} <-> HCO_3^-$$

Durch das Binden der Wasserstoff-Ionen wird deren Konzentration abgesenkt und die pH-Wert – Reduzierung teilweise „abgepuffert". Der Säuregehalt bleibt trotz aufgenommenem CO_2 durch den **Carbonatpuffer** zunächst konstant. Sind keine freien Carbonat-Ionen mehr vorhanden, kommt es zur pH-Wert-Absenkung.

Die Puffereigenschaft des Meerwassers führt dazu, dass im Wasser weniger Carbonat-Ionen verfügbar sind. Diese benötigen **kalkbildende** Lebewesen wie Mikroalgen des Planktons, Muscheln, Schnecken, Seeigel oder Korallen für ihr Wachstum und das Aufbauen von Kalkskeletten und Schalen. Kleinere Organismen wie die Flügelschnecke sind als erstes von der Ozeanversauerung betroffen. Werden durch die Ozeanversauerung Primärproduzenten oder Primärkonsumenten geschwächt, kann dies Auswirkungen auf alle Trophieebenen des Nahrungsnetzes mit sich ziehen. Noch ist unklar, was dies für unser Klima und unsere Umwelt bedeutet. Deshalb arbeiten Wissenschaftlerinnen und Wissenschaftler mit Hochdruck daran, den Prozess der Ozeanversauerung besser zu verstehen und seine Auswirkungen besser abschätzen zu können.

Quelle: Nicolai (2012) Kommunikation & Medien (GEOMAR)

Die aktuelle CO_2-Konzentration in der Atmosphäre liegt bei 405 ppm. Damit hat sich der Wert seit dem Beginn der Industrialisierung fast verdoppelt. Je nach globaler Entwicklung gibt es unterschiedliche Prognosen, wie sich die Konzentration in der Zukunft entwickelt. Die Veränderungen des **pH-Werts** im Meerwasser stehen aufgrund der beschriebenen Reaktion in direktem Zusammenhang mit der veränderten atmosphärischen CO_2-Konzentration.

pH-Wert des Meerwassers	CO_2-Konzentration in ppm
8,1	400
7,9	800
7,6	1600

Die Einheit **ppm** steht für parts per million und bedeutet ein Millionstel (10^{-6}). Bei dem pH-Wert handelt es sich um einen **negativen dekadischen Logarithmus** wodurch eine Verringerung um nur wenige zehntel Einheiten große Effekte bedeutet. Jedoch konnten in der Ostsee bisher kaum Effekte einer reinen Verringerung des pH-Wertes auf verschiedene Organismen festgestellt werden, da diese bereits an sehr schwankende pH-Werte angepasst sind. Ausschließlich in der Kombination mit der Erwärmung der Ostsee konnten Effekte festgestellt werden.

In den Auftriebsgebieten vor der Süd- und Westküste Afrikas sowie an der US-Pazifikküste werden mitunter schon heute pH-Werte gemessen, die bei ungebremstem CO_2-Ausstoß eigentlich erst 2300 zu erwarten sind. Ursache hierfür ist das aus der Tiefe auftreibende sauerstoffarme aber dafür kohlenstoffdioxidreiche Meerwasser. Darüber hinaus ist es nährstoffreich und führt zu einer sich rasant entwickelnden Algenblüte im Oberflächenwasser. Sterben die Organismen ab, kommt es durch die vermehrten assimilierenden Stoffwechselprozesse zu einem Anstieg der CO_2-Konzentration und damit zu einem Absenken des pH-Werts.

Verfügbarkeit von Sauerstoff

Ohne Sauerstoff hätten wir kein Leben im Meer. Während Vögel und marine Säugetiere den Sauerstoff der Atmosphäre atmen, gibt es eine Vielzahl an marinen Organismen, die den gelösten Sauerstoff aus dem Meerwasser zum Atmen benötigen.

Ein wichtiges Merkmal für die Wasserqualität der Ostsee ist die Konzentration an gelöstem Sauerstoff insbesondere am Boden des Gewässers.

Durch die starke Schichtung der Ostsee sowie durch unregelmäßige und abnehmende Einstromereignisse durch sauerstoffreiches Wasser der Nordsee, kommt es immer häufiger zu einer schlechten Sauerstoffversorgung der Ostsee. Am Boden der Ostseebecken findet permanent Sauerstoffzehrung durch die Zersetzung abgesunkener toter Biomasse statt. Durch einen Überschuss an organischer Substanz führt dies stellenweise zum völligen Sauerstoffverbrauch und zur Bildung von Schwefelwasserstoff, wodurch höheres Leben in diesen Regionen unmöglich wird.

Als Ursache wird die Eutrophierung, d.h. der vermehrte Eintrag der Pflanzennährstoffe Stickstoff und Phosphor durch den Menschen, angesehen. Sie verstärkt das Algenwachstum und damit letztlich auch die Menge an abgestorbener organischer Substanz, die auf den Meeresboden absinkt, wo sie unter Sauerstoffverbrauch zersetzt wird.

Einen ebenfalls großen Einfluss auf die Sauerstoffkonzentration im Meerwasser hat die steigende Wassertemperatur. Mit zunehmender Temperatur sinkt die Sauerstofflöslichkeit des Wassers. Die Erwärmung der Ostsee verstärkt also die Knappheit an Sauerstoff.

Marine Lebensgemeinschaften stehen durch die Kombination der genannten Folgen des Klimawandels unter großem Druck. Jede einzelne Veränderung bringt Folgen für marine Lebewesen mit sich. Das Zusammenspiel aus der Erwärmung, der Versauerung und der sinkenden Sauerstoffkonzentration im Meerwasser wird in der Wissenschaft als tödliches Trio bezeichnet.

Abb. 6: Sauerstoff- und Temperaturmessungen in der Kieler Forschungswerkstatt.

Auswirkungen der Ozeanerwärmung auf Seepocken

Abb. 1: Schmelzender Eisberg vor der Baffininsel.

Jahr für Jahr ist von neuen Rekorden zu lesen: „Wärmster Dezember seit Beginn der Wetteraufzeichnungen“, „Rheinpegel so niedrig wie seit Jahrzehnten nicht mehr“, „Rekordtemperaturen in der Arktis“. Weltweit verändert sich das Klima mit verheerenden Folgen für die Ökosysteme und damit auch für den Menschen. Die Verbrennung von fossilen Energieträgern (z.B. Öl, Kohle, Erdgas) sorgt für eine steigende Konzentration an Kohlenstoffdioxid (CO_2) in der Atmosphäre. Die von der Erde Richtung Weltall zurückgestrahlten Sonnenstrahlen werden an den CO_2-Molekülen zurück auf die Erde reflektiert. Je mehr CO_2 in der Atmosphäre, desto mehr Sonnenenergie bleibt also in unserer Atmosphäre. Dieser menschengemachte Treibhauseffekt sorgt für eine Erwärmung unserer Atmosphäre.

Dem Ozean kommt dabei eine wichtige Rolle zu: Er verlangsamt die globale Erwärmung. Meerwasser kann je nach Temperatur und Druck große Mengen an CO_2 aufnehmen und so den Treibhauseffekt abbremsen. Darüber hinaus speichert Meerwasser Wärme aus der Atmosphäre. Ca. 93 % der in den letzten 40 Jahren entstandenen Wärmemenge wurden vom Meerwasser aufgenommen (https://www.boell.de/de/2017/05/10/weltklima-der-ozean-bremst-den-klimawandel). Dies bleibt jedoch nicht ohne Folgen für das Ökosystem Ozean.

AUFGABE

Temperaturregulierung im Tierreich

Tiere sind in ihren Lebensfunktionen an einen bestimmten Temperaturbereich angepasst. Nur wenige Tiere sind sogar in der Lage bei extremen Temperaturen zu überleben, z.B. an den Polregionen oder in Wüsten. Tiere, die in der Lage sind, ihre Körpertemperatur gegenüber der Umgebungstemperatur konstant zu halten, werden als gleichwarm bezeichnet. Dazu gehören alle Säugetiere und Vögel. Tiere, dessen Körpertemperatur von der Umgebungstemperatur abhängig ist, werden als wechselwarm bezeichnet. Hierzu zählen Fische, Amphibien, Reptilien, Insekten und alle anderen wirbellosen Tiere. Da sie kaum Möglichkeiten haben, ihre Körpertemperatur eigenständig zu steuern, entspricht die Körpertemperatur oftmals der Umgebungstemperatur.

1. Formuliert Definitionen für die beiden Strategien der Temperaturregulierung.

2. Findet für jede Gruppe drei Meeresbewohner.

Gleichwarme Tiere

Definition: Meeresbewohner:

______________________________ ______________

______________________________ ______________

______________________________ ______________

Wechselwarme Tiere

Definition: Meeresbewohner:

______________________________ ______________

______________________________ ______________

______________________________ ______________

Weitere Strategien der wechselwarmen Tiere:

Die RGT-Regel

Da wechselwarme Tiere ihre Körpertemperatur nicht eigenständig konstant halten können, sind sie von der Umgebungstemperatur abhängig. Die „Reaktionsgeschwindigkeit-Temperatur-Regel" (kurz: RGT-Regel) beschreibt den Zusammenhang zwischen der Geschwindigkeit der Lebensprozesse und der Temperatur.

Sie besagt, dass eine Temperaturerhöhung um 10 °C die Geschwindigkeit der Lebensprozesse verdoppelt, während eine Temperaturreduktion um 10 °C die Geschwindigkeit der Lebensprozesse halbiert.

Temperatur-Toleranzkurve

Die Temperatur-Toleranzkurve beschreibt den Zusammenhang zwischen der Intensität der Lebensvorgänge und der Temperatur. Innerhalb eines bestimmten Temperaturbereichs laufen die Lebensprozesse der wechselwarmen Tiere unterschiedlich schnell ab. Außerhalb des Temperaturbereichs finden keine Lebensprozesse mehr statt, das Tier fällt in eine Kälte- oder Wärmestarre.

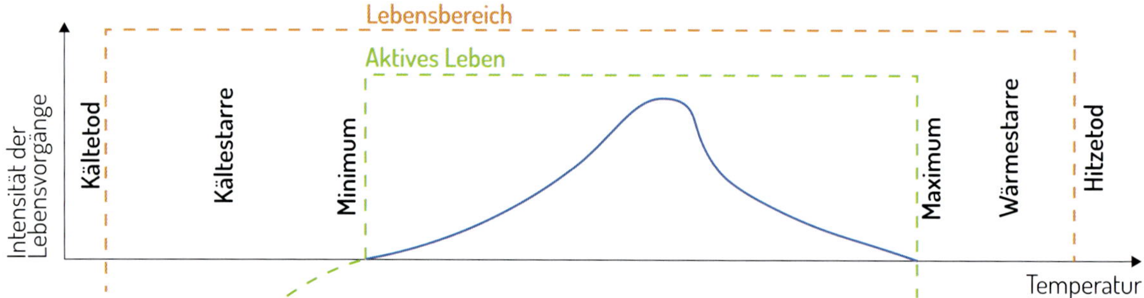

Abb. 2: Temperatur-Toleranzkurve von gleichwarmen und wechselwarmen Tieren.

Versuch: Seepocken reagieren auf Temperaturänderungen

Ein Beispiel für ein wechselwarmes Tier in der Ostsee ist die Seepocke. Abhängig von der Wassertemperatur unterscheiden sich die Schlagzahlen der Rankenfüße bei Seepocken deutlich. Formuliert Vermutungen, wie die Schlagzahlen eurer Meinung nach bei Temperaturänderung variieren.

Hypothese I: Je wärmer das Meerwasser, desto ______________________________ die Schlagzahl.

Hypothese II: Je kälter das Meerwasser, desto ______________________________ die Schlagzahl.

MATERIALIEN

- Kristallisierschalen
- Seepocken
- Roter und blauer Stift
- Ostseewasser
- Stoppuhr
- Wärmeplatte
- Gekühltes Wasser
- Thermometer

DURCHFÜHRUNG

1. Messt die Temperatur in dem Aufbewahrungsaquarium der Seepocken. Sucht euch eine Seepocke und messt ihre Schlagzahl. Dazu zählt ihr, wie oft die Rankenfüße innerhalb von 30 Sekunden schlagen.

2. Seepocke in warmem Wasser: Befüllt eine Kristallisierschale mit dem Ostseewasser aus dem Aufbewahrungsaquarium der Seepocken. Stellt die Glasschale auf die Wärmeplatte und erhitzt das Wasser um 10°C. Sucht euch anschließend eine Seepocke und setzt sie hinein. Zählt auch hier 30 Sekunden die Schlagzahl.

3. Seepocke in kaltem Wasser: Kühlt das Wasser mit dem Wasser aus dem Kühlschrank um 10°C ab. Beobachtet dieselbe Seepocke und zählt, wie oft die Rankenfüße innerhalb 30 Sekunden schlagen.

4. Wiederholt alle eure Zählungen und ermittelt einen Durchschnittswert.

5. Tragt eure Ergebnisse in die Tabelle ein.

MATERIAL UND VERSUCHSAUFBAU

Wie lassen sich eure Hypothesen überprüfen? Zeichnet eine Skizze für den Versuchsaufbau und benennt die entsprechenden Materialien.

Materialien	Skizze

DURCHFÜHRUNG

Formuliert eure Versuchsdurchführung.

____

____

____

____

BEOBACHTUNG

	Temperatur in °C	Zählung 1 (Schlagzahl)	Zählung 2 (Schlagzahl)	Zählung 3 (Schlagzahl)	durchschnittliche Schlagzahl
Seepocke 1					
Seepocke 2					
Seepocke 3					

AUSWERTUNG

Sind Eure Vermutungen richtig oder falsch?

Hypothese I: ☐ Richtig ☐ Falsch

Hypothese II: ☐ Richtig ☐ Falsch

ERKLÄRUNG

____

____

AUFGABE

Temperatur-Toleranzkurven zeichnen

1. Erstellt ein Diagramm und zeichnet die Temperatur-Toleranzkurve für eure Versuchs-Seepocken. Tragt die Temperatur auf der x-Achse und die Anzahl der Schläge der Seepocke auf der y-Achse ein. Verbindet anschließend die Punkte zu einer Kurve mit einem **BLAUEN** Stift. Es entsteht die Temperatur-Toleranzkurve für ein wechselwarmes Tier.

2. Vermutet, wie eine Temperatur-Toleranzkurve für ein gleichwarmes Tier aussieht und skizziert diese mit einem **ROTEN** Stift in der Abbildung.

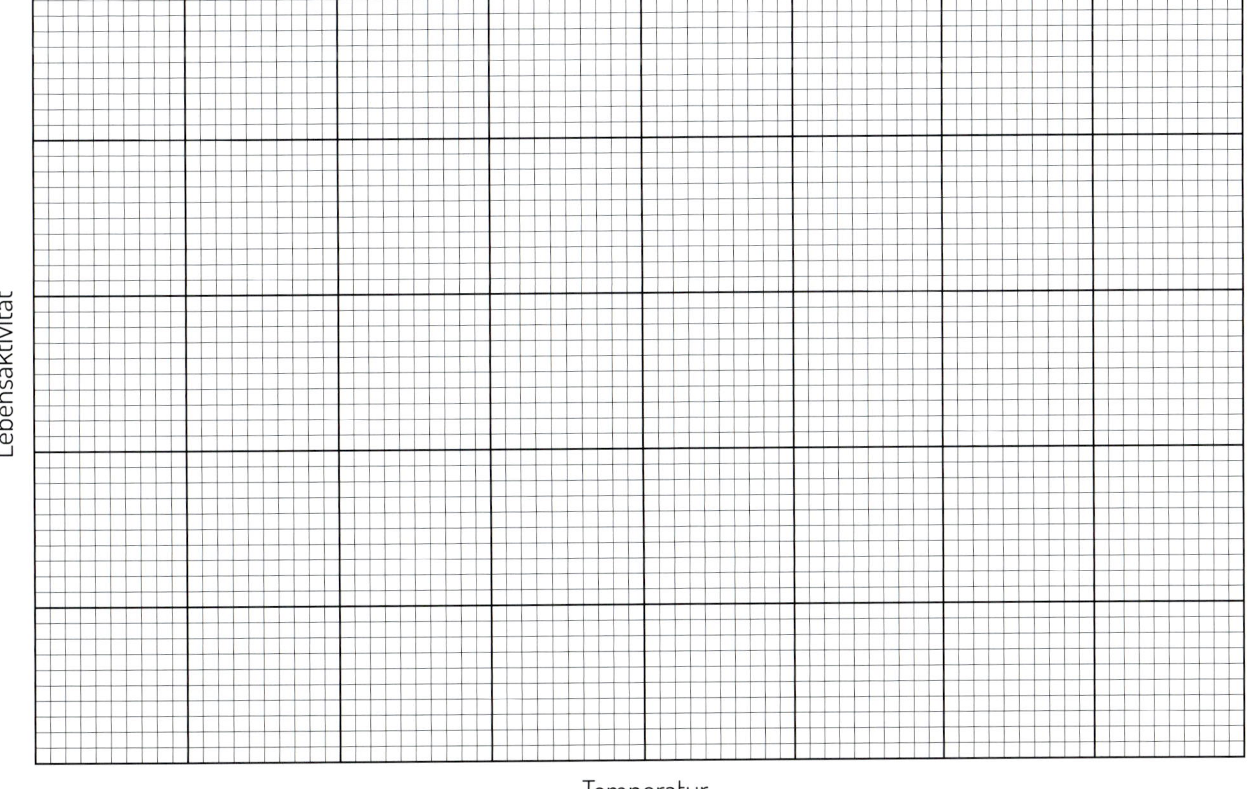

Auswirkungen der Ozeanerwärmung

1. Durch den menschengemachten Klimawandel wird sich auch die Ostsee in Zukunft erwärmen. Informiert euch unter dem Link, wie stark diese Erwärmung sein wird: https://ostsee-der-zukunft.experience-science.de/hintergruende/einflussfaktoren/erwaermung.html

   Stellt eine Hypothese auf, wie sich die Erwärmung der Ostsee auf die Seepocken auswirken könnte und was dies für das Nahrungsnetz der Ostsee bedeuten kann.

___

___

___

2. Recherchiert, wie sich die Erwärmung des Ozeans auf den Menschen auswirken wird.

___

___

Einblick in die Forschung

Meeresspiegelanstieg

Am 09.08.2021 erschien der 6. Klimasachstandsbericht des Weltklimarats. In dem Bericht wird davor gewarnt, dass die gesteckten Klimaziele, also die Begrenzung des Temperaturanstiegs auf 1,5 Grad Celsius, verfehlt werden, sollten nicht schnelle und drastische Maßnahmen zur Reduzierung der CO_2-Emissionen durchgesetzt werden.

Abb. 3: Auf der UN-Klimakonferenz 2015 in Paris wurde die Begrenzung der globalen Erwärmung auf deutlich unter 2 °C (möglichst 1,5 °C) beschlossen.

Die Präsenz des Themas in unserem heutigen Alltag ist unter anderem das Ergebnis der Arbeit des Weltklimarats auch IPCC (Intergovernmental Panel on Climate Change) genannt. In diesem weltweiten Verbund tragen Fachleute Erkenntnisse zum Klimawandel zusammen und bewerten diese aus wissenschaftlicher Sicht. Über 195 Regierungen und 120 Organisationen kommen im Weltklimarat zusammen und zeigen Möglichkeiten auf, wie die globalen Veränderungen zu stoppen sein können.

Die Versauerung des Ozeans

Durch die Verbrennung von fossilen Energieträgern wie Kohle, Erdgas und Erdöl bringen wir Menschen große Mengen Kohlenstoffdioxid (CO_2) in die Atmosphäre ein. In der Atmosphäre reflektiert es die von der Erde abgestrahlte Wärme und verursacht so den Treibhauseffekt - das Klima heizt sich auf.

Unser Ozean bremst diese Entwicklung, denn er kann große Mengen CO_2 aufnehmen und speichern. So konnten bisher bis zu 40 % der vom Menschen produzierten Kohlenstoffdioxid-Menge vom Ozean aufgenommen werden. Welche Folgen hat das für den Ozean und die Organismen, die dort leben?

Abb. 1: Kalkhaltige Lebewesen im Meer wie Korallen sind durch die Ozeanversauerung bedroht.

Saure und alkalische Lösungen

Wässrige Lösungen können sauer, neutral und alkalisch sein. Farbstoffe, die in sauren, neutralen und alkalischen Lösungen unterschiedliche Farben haben, werden als „Indikatoren" bezeichnet. Ein häufig verwendeter Indikator ist der Universalindikator.

Um exakt zu kennzeichnen, wie sauer oder alkalisch eine Lösung ist, wird häufig der pH-Wert angegeben. Die pH-Wert-Skala reicht von 0 bis 14: Neutrale Lösungen haben einen pH-Wert von 7. Bei sauren Lösungen ist der pH-Wert kleiner als 7 und bei alkalischen Lösungen ist der pH-Wert größer als 7. Das heißt: **Je kleiner der pH-Wert, desto saurer ist die Lösung!**

AUFGABE

1. Ergänzt in den Kästchen über der pH-Wert-Skala folgende Begriffe: alkalisch, sauer, neutral!

2. Ordnet die folgenden Lösungen einem pH-Wert zu: kohlensäurehaltiges Mineralwasser, Zitronensaft, Waschmittellösung.

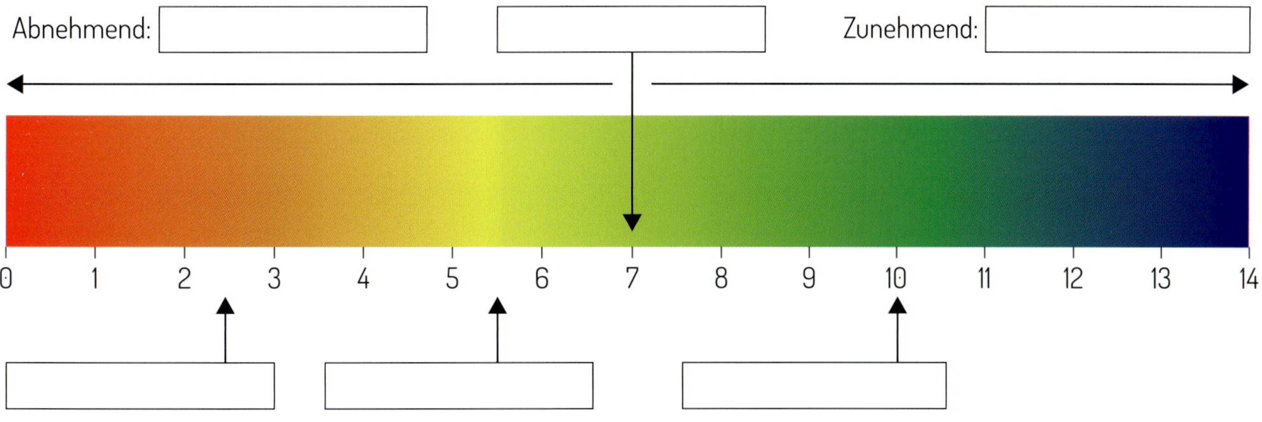

Abb. 2: Die pH-Wert-Skala eines Universalindikators.

Versuch 1: Folgen eines erhöhten CO_2-Gehalts in der Luft für Meereswasser

MATERIAL

- 1 großes Aquarium
- 2 pH-Meter
- 5 Teelichter
- 1 Stoppuhr
- 2 kleine Kristallisierschalen
- 1 Aquarienpumpe mit Y-Schlauch und 2 Sprudelsteinen
- destilliertes Wasser und Meerwasser

DURCHFÜHRUNG

1. Füllt eine Kristallisierschale zu ¾ mit Ostseewasser, die andere Kristallisierschale zu ¾ mit destilliertem Wasser. Platziert in beide Kristallisierschalen einen Luftsprudler der Aquarienpumpe.

2. Platziert in beide Kristallisierschalen eine pH-Elektrode. Lest den Ausgangswert ab und tragt ihn in die Tabelle ein.

3. Entzündet die Teelichter und stellt sie um die Kristallisierschalen.

4. Der gesamte Aufbau wird anschließend mit dem großen Aquarium abgedeckt.
   Achtung: Achtet darauf, dass sich die Pumpe ebenfalls unter der Abdeckung befindet und sich die Schläuche und Kabel nicht über den Teelichtern befinden!

5. Schaltet die Aquarienpumpe ein (Stecker in Steckdose). Lasst den Versuch 5 Minuten lang laufen. Lest einmal in der Minute den pH-Wert ab und tragt ihn in die Tabelle ein.

Abb. 3: Versuchsaufbau

Quelle Versuchsbeschreibung:
Soria-Dengg, Sally (2012): Das andere CO_2-Problem: Ozeanversauerung. BIOACID / Helmholtz-Zentrum für Ozeanforschung (GEOMAR), Kiel.

BEOBACHTUNG

	Zeit in min					
	0	1	2	3	4	5
pH-Wert destilliertes Wasser						
pH-Wert Meerwasser						

AUFGABEN

1. Beschreibt, was ihr bei diesem Versuch beobachten konntet.

2. Meerwasser oder destilliertes Wasser?
   Hier sind die Veränderungen des pH-Werts in den Kristallisierschalen im Laufe der Zeit dargestellt. Ordnet den beiden Graphen die richtige Beschriftung zu.

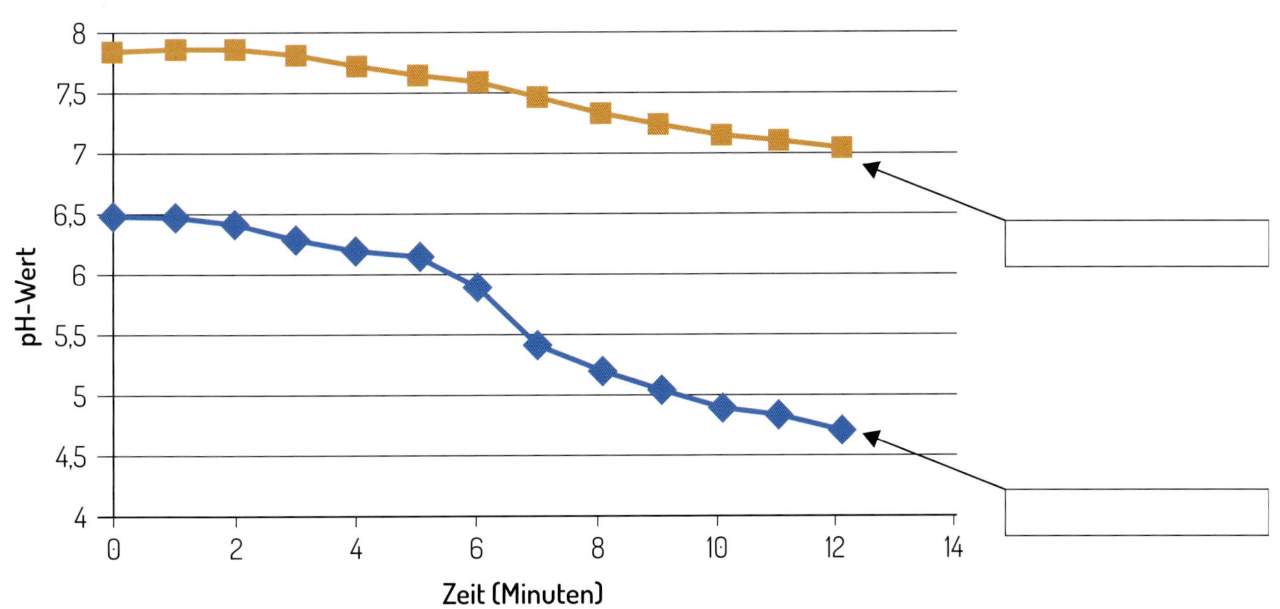

3. Bei dem Versuch handelt es sich um einen Modellversuch. Gebt an, was die Elemente aus dem Versuch in der Wirklichkeit darstellen. Tragt eure Ergebnisse in die Tabelle ein.

Modellversuch	Wirklichkeit
großes Aquarium	
Kerzen	
Kristallisierschalen	
Pumpe und Sprudelsteine	

pH-Regulation im Meerwasser: Die Rolle von Carbonat (CO_3^{2-}) und Hydrogencarbonat (HCO_3^-)

Der gelöste anorganische Kohlenstoff (DIC, Dissolved Inorganic Carbon) stellt das größte Kohlenstoffreservoir im Ozean dar. Dieser Speicher umfasst das im Wasser gelöste Kohlendioxid (CO_2) sowie Hydrogencarbonat- (HCO_3^-)und Carbonat-Ionen (CO_3^{2-}). Der pH-Wert des Meerwassers hängt davon ab, in welchem Mengenverhältnis diese Bestandteile vorliegen. Der aktuelle pH-Wert des Ozeans liegt im Bereich des Basischen, zwischen 7,8 und 8,5. Bei diesem Wert dominieren die Hydrogencarbonat-Ionen. Steigt der pH-Wert, dann steigt die Konzentration der Carbonat-Ionen. Wenn sich mehr CO_2 im Meerwasser löst, dann wird dieses saurer – der pH-Wert sinkt. Bei der chemischen Reaktion im Wasser entsteht Kohlensäure (H_2CO_3). Diese ist relativ instabil und zerfällt direkt weiter. Ein Teil der Wasserstoff-Ionen, die beim Zerfall der Kohlensäure entstehen, reagiert mit dem Carbonat zu Hydrogencarbonat. Die Konzentration der Carbonat-Ionen nimmt dadurch ab. Die Ionen sind verantwortlich für die Pufferfunktion des Meerwassers: Das Meerwasser kann deutlichen Schwankungen des pH-Werts widerstehen, selbst nachdem leichte Basen oder Säuren hinzugefügt wurden. Die Carbonat-Ionen können mit den massenhaft im Meerwasser enthaltenen Kalzium-Ionen reagieren. Es entsteht Kalziumcarbonat (Kalk, $CaCO_3$), das Material, aus dem auch Muschelschalen, Korallenskelette oder die Hüllen von einigen Mikroalgen bestehen. Dieses Experiment verdeutlicht mittels eines einfachen Versuchs, wie Hydrogencarbonat und Carbonat den pH-Wert von Meerwasser regulieren, und führt dessen Pufferfunktion vor Augen.

Versuch 2: Welchen Einfluss hat die Temperatur auf die Löslichkeit von CO_2 in Wasser?

MATERIAL

- 2 große Kristallisierschalen
- 2 Messzylinder (250 mL)
- 2 Thermometer
- Brausetabletten (z.B. Mulitvitamin oder Magnesium)
- Wasser (kalt und warm)
- zwei kleine Petrischalen
- Lineal

DURCHFÜHRUNG

1. Befüllt eine Kristallisierschale und einen Messzylinder mit warmem Wasser und eine weitere Kristallisierschale und einen Messzylinder mit kaltem Wasser. Die Messzylinder sollten bis zum Rand gefüllt sein. Bestimmt die genaue Temperatur des kalten und des warmen Wassers und notiert diese.

2. Verschließt die Öffnung des Messzylinders mit kaltem Wasser mit einer Petrischale. Stellt ihn vorsichtig kopfüber in das kalte Wasser der Kristallisierschale. Passt auf, dass kein Wasser aus dem Messzylinder verloren geht.

3. Brausetabletten setzen im Wasser CO_2 frei. Haltet den Messzylinder etwas schräg, um eine Brausetablette unter den Messzylinder zu legen. Stellt den Messzylinder danach sofort wieder aufrecht, damit die Brausetablette im Messzylinder bleibt.

4. Wartet ab, bis sich die Brausetablette aufgelöst hat. Notiert anschließend das Volumen des Luftraums, der sich im Messzylinder bildet.

5. Wiederholt den Versuch mit warmem Wasser.

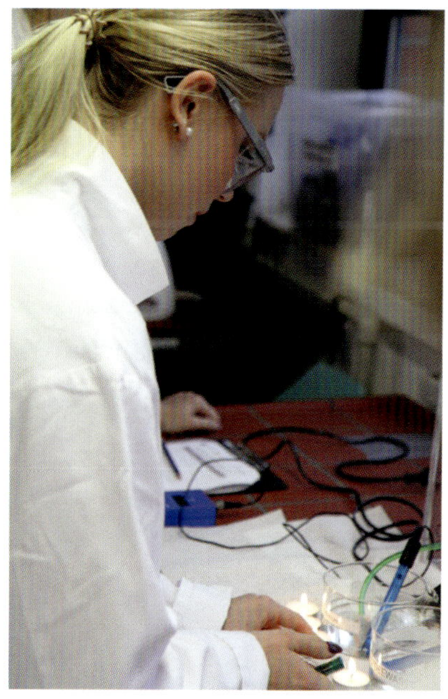

Abb. 4: Schülerin experimentiert zum Thema Versauerung.

BEOBACHTUNG

	Temperatur des Wasser	Volumen des Luftraumes
Kaltes Wasser		
Warmes Wasser		

AUSWERTUNG

Füllt mit Hilfe eurer Versuchsergebnisse folgenden Lückentext aus.

Kaltes Wasser nimmt ______ CO_2 auf als warmes Wasser. Dies ist unter anderem eine Ursache für die unterschiedliche CO_2-Aufnahme der Weltmeere: Während beispielsweise der Ozean am ______ viel CO_2 aufnimmt, nehmen die Meere nahe des ______ wenig CO_2 auf.

Abb. 5: Das Skelett von Seeigeln besteht aus Calziumcarbonat (Kalk).

Abb. 6: Auf dem Forschungsschiff Sonne wird im Pazifik die Ozeanversauerung untersucht. © Emanuel Söding

AUFGABE

Die Folgen der Ozeanversauerung für die Meeresorganismen

Der Anstieg des Kohlenstoffdioxidgehalts in der Atmosphäre und die daraus folgende Versauerung des Ozeans bleibt für das sensible Ökosystem und deren Lebensgemeinschaften nicht ohne Folgen. Wissenschaftlerinnen und Wissenschaftler des GEOMAR Helmholtz-Zentrum für Ozeanforschung Kiel haben bei Versuchen in Spitzbergen herausgefunden, dass bereits ein geringes Absenken des pH-Werts im Meerwasser messbare Folgen für viele Lebewesen hat.

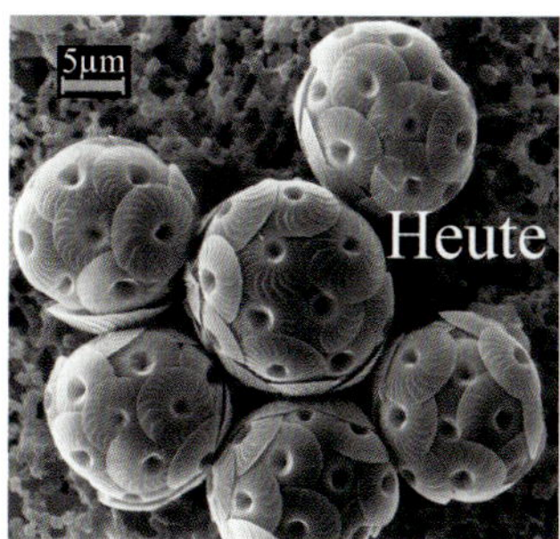

Abb. 7: Coccolithophoriden sind Mikroalgen mit einem Kalkskelett. Ihnen setzt die Ozeanversauerung besonders zu. https://www.geomar.de/news/article/bioacid-kick-off#gallery-2

1.  Scannt den QR-Code und seht euch das Video „Ozeanversauerung: Eine Lebensgemeinschaft in Auflösung“ an.

2. Erklärt, wie sich ein erhöhter Kohlenstoffdioxidgehalt in der Atmosphäre auf die Lebensgemeinschaft des Ozeans auswirkt. Fertigt dazu eine Grafik an und erklärt diese in einem Text.

Text

Grafik

Probennahmen und Datenerhebungen erfordern in den Meereswissenschaften ein hohes Maß an Kreativität. So müssen Messgeräte und Forschungsmethoden z.B. klimatischen Gegebenheiten wie Meeresströmungen, Stürmen oder schwerem Wellengang ebenso wie abiotischen Faktoren des Ozeans wie dem Salzgehalt oder dem Druck Stand halten. Ingenieurinnen und Ingenieure kommen hier zum Einsatz und entwickeln Methoden, die diesen Ansprüchen gerecht werden.

Mit Hilfe von Mesokosmen untersuchten Wissenschaftlerinnen und Wissenschaftler die Folgen der Ozeanversauerung für das marine Ökosystem. Quelle: GEOMAR © Maike Nicolai

Anfang der 2000er wurden zur Messung des Einflusses der Ozeanversauerung auf marine Organismen im GEOMAR die **Mesokosmen** entwickelt. Was aussieht wie ein schwimmendes Reagenzglas, ermöglicht die Durchführung von Langzeituntersuchungen einer Lebensgemeinschaft in ihrem natürlichen Lebensraum. Zwischen sechs Schwimmkörpern befindet sich ein zylindrischer Sack, der ein festgelegtes Volumen von Meerwasser als auch der in ihm enthaltenen Lebensgemeinschaft umschließt. 2013 wurden Planktongemeinschaften bei unterschiedlichen CO_2-Konzentrationen beobachtet und so der Einfluss der Ozeanversauerung erforscht.

Modul 3

Überfischung

Einleitung: Fischerei

- Station: Fischsektion
- Die Ware Fisch –
  Können wir morgen noch Fisch essen?
- Nachhaltiger Konsum von Fisch
  und Schalentieren

Abb. 1: © Nguyen Linh on Unsplash

Einleitung: Fischerei

Weltweit sind heute etwa 1 Milliarde Menschen von Fisch und Krustentieren als Nahrungsquelle abhängig. Für einen großen Teil der Weltbevölkerung stellen Fisch und Fischereiprodukte die hauptsächliche Proteinquelle dar. Darüber hinaus sind zwischen 660 und 820 Millionen Menschen wirtschaftlich von der Fischerei abhängig. Dazu werden Menschen in der Fischerei oder der Fischverarbeitenden Industrie sowie deren Familien gezählt. Störungen in der Fischerei und gar der Verlust der Fischerei können für ganze Regionen finanziell und existenziell schwerwiegende Folgen haben. Diese Gründe tragen dazu bei, dass Diskussionen rund um das Thema Fischerei und Fischereipolitik stets kontrovers und emotional aufgeladen sind. Hier müssen sich verschiedene Interessengruppen mit sehr unterschiedlichen Zielen einigen und zu einer gemeinsamen Lösung kommen. Doch wie kommt es zu dieser Situation und welche Wege können aus dem Dilemma führen?

Das allgegenwärtige Problem in der Diskussion rund um die Fischerei ist die Überfischung. Seit der Mitte des letzten Jahrhunderts begann die Industrialisierung des Fischfangs.

Nachdem Jahrhunderte kleine Fischerboote mit wenigen Mann Besatzung die Fischerei prägten, entwickelten sich in den letzten Jahrzehnten immer größere und modernere Fischtrawler mit steigenden Fangmengen.

Mit hochtechnologisierten Fangmethoden lassen sich heute Fischschwärme aufspüren und in großer Zahl fangen und anlanden. Dies führte dazu, dass wir heute eine Situation haben, in der größere Mengen an Fischen und Krustentieren gefangen werden als natürlich nachwachsen können. Fischbestände*, die überfischt werden, drohen auf kürzere oder längere Zeit zusammen zu brechen und so nicht mehr nutzbar zu sein. So wird aus einem ökonomischen Fortschrittsgedanken ein ökologisches Problem. Bestandszusammenbrüche eines Fischbestands, auch Kollaps genannt, können weitreichende Folgen für die Fischart und das Nahrungsnetz im Ökosystem haben. Die Erholung eines Fischbestands nach einem Kollaps ist nicht sicher und dauert in den meisten Fällen viele Jahre.

Abb. 2: Fischereigeräte in Dänemark

In Europa sind heute bis zu 64 % der Fischbestände überfischt. Weltweit gesehen ist die Situation nicht viel besser: Über 30 % aller genutzten Fischbestände gelten als überfischt und weitere 60 % sind bereits maximal ausgenutzt.

** Unter einem Fischbestand versteht man eine sich selbst erhaltende Population einer Fischart, die in einer begrenzten Meeresregion vorkommt (World Ocean Review 2).*

Wie kommt es zur Überfischung?

Doch diese Situation hat sich nicht etwa in den letzten 20 Jahren so entwickelt, sondern ist das Resultat eines Missmanagements der letzten 100 Jahre. Die Industrialisierung in der Fischerei hat dazu geführt, dass nicht mehr kleine bunte Fischerboote die Fischerei prägen, sondern schwimmende Industrieanlagen, auf denen der Fisch direkt verarbeitet und eingefroren werden kann. Vergleicht man Abundanzen, so wird schnell deutlich, dass die Fischbestände deutlich gesunken sind. Doch die wissenschaftliche Untersuchung von Fischbeständen ist nicht ganz leicht.

> Da sich Fische nicht einfach wie terrestrische Populationen zählen lassen, ermittelt man in der Forschung die Bestandsgrößen aufgrund verschiedener Parameter. Dazu zählen die Fangmenge sowie der Anteil der geschlechtsreifen Altfische, der Laicher. Mithilfe dieser Daten lässt sich der Zustand in einem Bestand beurteilen.

Wichtig ist hierbei zu verstehen, dass die Bestandsgröße, die Anzahl und die Größe der fangbaren Fische einen direkten Einfluss auf die Menge der Fische hat, die man im nächsten Jahr fangen kann: Viele Elternfische produzieren viele Nachkommen, die in der Zukunft gefischt werden können. So kann eine kurzzeitige Reduzierung der Fänge auf längere Sicht zu deutlich höheren Fängen und damit zu höheren Einnahmen für die Fischer führen.

Fangquoten können helfen

Um Fischbestände optimal zu nutzen und einer Überfischung vorzubeugen, hat in den meisten Fällen jeder Fischer oder jeder Fischkutter eine sogenannte Fischereiquote. Diese Quote beschreibt, welche Menge an Fischen einer bestimmten Art während einer bestimmten Zeit gefangen werden darf. Hinzu kommen zeitliche Fangbeschränkungen, sogenannte Schonzeiten, die es den Fischern nur in bestimmten Monaten erlaubt, eine Fischart zu fangen. Ebenso kann es Fanggebiete geben, in denen dauerhaft oder zeitweise alle oder bestimmte Formen der Fischerei, z.B. Schleppnetzfischerei, nicht erlaubt sind. Der Grund dafür ist der Schutz der Fischbestände zu besonders wichtigen Zeiten, z.B. Laich- oder Aufwuchszeit und von besonders wichtigen Gebieten für heranwachsende Fische, z.B. Laichgebieten oder den so genannten Kinderkammern.

Wenn die Fischbestände in diesen Zeiten und Gebieten nicht gefangen werden, kann der Bestand wieder aufgefüllt werden oder sogar wachsen.

Abb. 3: Fischerboote am Strand

Eine weitere Regelung, die Fischer erfüllen müssen, ist das Einhalten des sogenannten Mindestmaßes oder der Mindestlänge. Fische oder Krustentiere müssen eine festgelegte Länge haben, damit sie gefangen werden dürfen. Dieses Mindestmaß ist in den meisten Arten so gewählt, dass jedes Tier die Chance gehabt haben soll, sich mindestens einmal fortzupflanzen.

Eine weitere Möglichkeit, das Risiko vor Überfischung der Bestände zu verringern, ist die Wahl der erlaubten Fischereimethoden und -geräte.

Die unterschiedlichen Fangmethoden haben verschiedene Vor- und Nachteile, die für die Verwaltung der Fischbestände benutzt werden können.

Die Entscheidungen zu Quoten, Fangzeiten, Fanggebieten und anderen Regulierungen werden sowohl auf nationaler als auch auf europäischer Ebene von Politikerinnen und Politikern getroffen. Diese erhalten Empfehlungen aus der Wissenschaft wie, wo und welche Fische in Zukunft befischt werden sollten. Mithilfe dieser Empfehlungen und den Forderungen verschiedener Interessensgruppen werden Entscheidungen verhandelt.

Station: Fischsektion

Abb. 1: Heringsschwarm.

Der Atlantische Hering *(Clupea harengus L.)* lebt im Allgemeinen in großen Schwärmen und folgt bestimmten zyklischen Wanderrouten. Zum Laichen und zur Nahrungsaufnahme sucht er jährlich Laichplätze, Fressrouten und Überwinterungsgebiete auf. Im Atlantik, in der Norsee und in der Ostsee gibt es unterschiedliche Bestände, diese unterscheiden sich in Bestandsgröße, Wandermuster und Laichzeit. In einem Alter von 2-3 Jahren und einer Größe ab 25 cm werden die Heringe geschlechtsreif. Dabei kann ein Heringsweibchen zwischen 20.000-50.000 Eier legen. Nach der für die Fische nahrungszehrenden und anstrengenden Laichzeit im Frühling (Ostsee) ziehen die Heringe zum Fressen wieder in die offene Ostsee Richtung Skagerrak.

Nach dem Ablaichen sinken die Heringseier zu Boden und bleiben an Pflanzen, Steinen und Algen kleben. Bei einer Wassertemperatur von 9°C schlüpfen die fadenförmigen, 7-9 mm langen Larven bereits nach zwei Wochen. Die Larven bewegen sich an die Wasseroberfläche und verzehren innerhalb einer Woche ihren Dottersack. Danach beginnen sie sich von kleinem Plankton zu ernähren. In dieser Zeit werden die Heringslarven von vielen Fressfeinden wie z.B. den Ohrenquallen gefressen.

Die ausgewachsenen Heringe spielen ökologisch sowie wirtschaftlich eine große Rolle in Nordeuropa. Sie werden von Fischen, Meeressäugern und Vögeln gefressen und von Fischern und Anglern mit Schlepp- und Stellnetzen sowie mit Angeln gefangen.

AUFGABE 1

Verbreitung des Herings – heute und in Zukunft

1. Tragt in die Tabelle die Verbreitungsgebiete des Atlantischen Herings ein. Nehmt einen Atlas zur Hilfe.

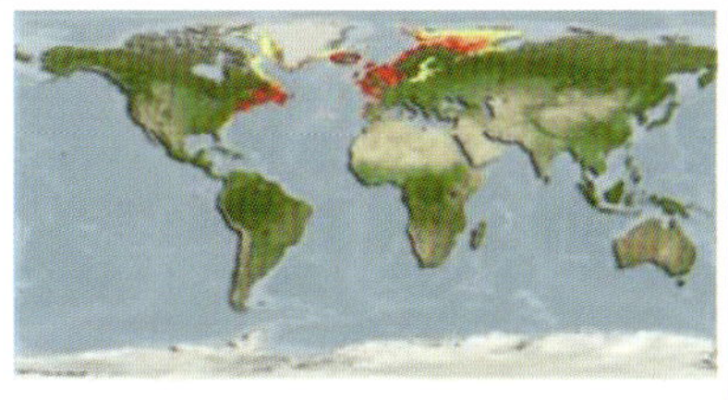	Verbreitung:
Abb. 2: Verbreitung des Atlantischen Herings (Clupea harengus L.).	Lebensraum: lebt in Wassertiefen bis 360 m im Freiwasserbereich aber auch in Küstennähe

2. Scannt den QR-Code und recherchiert, wie sich die Verbreitung des Herings nach wissenschaftlicher Berechnungen bis zum Jahr 2100 verändern wird. Notiert eure Beobachtung und findet eine Erklärung dafür.

AUFGABE 2

1. Nehmt euch einen Hering und legt ihn vor euch in eine Wachsschale.

2. Fertigt eine möglichst große schematische Zeichnung des Herings an und beschriftet die Flossen mit folgenden Bezeichnungen:

Rückenflosse **Schwanzflosse** **Afterflosse** **Brustflosse** **Bauchflosse**

3. Ordnet den Körperteilen in der Tabelle eine Funktion zu. Falls ihr hierbei Schwierigkeiten habt, schaut euch das Video unter folgendem QR Code an und beobachtet ganz genau die Bewegung der Heringe.

Körperteil	Funktion
Kiemen	
Rückenflosse	
Schwanzflosse	
Bauchflosse	
Brustflosse	

Versuch 1: Präparation eines Herings

MATERIAL

- Hering
- Wachsschale
- Präparierbesteck (Schere, Nadeln)
- Einige Petrischalen
- Waage
- Binokular
- Maßband
- Schutzkittel
- Handschuhe

DURCHFÜHRUNG

1. Bestimmt die Länge und das Gewicht des Fisches.

2. Fertigt kleine Beschriftungszettel an und schreibt folgende Begriffe drauf: Kiemen, Herz, Fortpflanzungsorgan, Schwimmblase. Legt je einen Zettel unter eine Petrischale.

3. Führt nun die Schnitte nach folgender Abbildung aus: (Schnitt 4 ist optional, ansonsten mit Präpariernadeln den Bauchlappen fixieren)

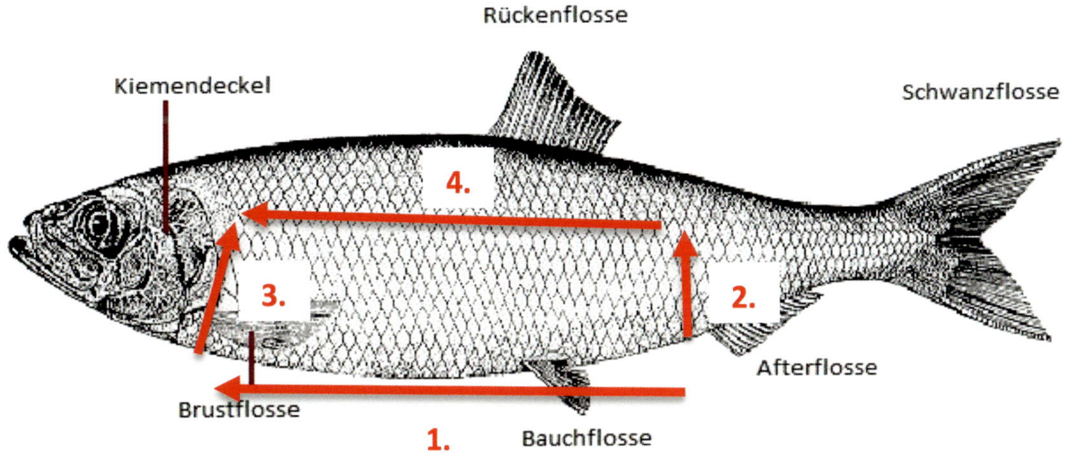

Abb. 3: Schematische Anleitung eines Herings-Präparats.

4. Entnehmt die einzelnen Organe vorsichtig und bestimmt diese mithilfe eines Fischmodells (Abb. 4).

5. Legt die einzelnen Organe in die beschrifteten Petrischalen.

Abb. 4: Beschriftetes Heringspräparat.

Versuch 2: Schweben im Wasser

DURCHFÜHRUNG

1. Verwendet die bereitstehenden Materialien und baut daraus ein Fischmodell, das in der Wassersäule treibt.

2. Verändert danach den Salzgehalt des Wassers, indem ihr Salz im Wasser löst. Beobachtet, was passiert.

MATERIAL

- Erlenmeyerkolben (100 ml)
- Schlauch
- Luftballon
- Handpumpe
- Kleines Aquarium
- Wasser
- Salz
- Löffel

AUSWERTUNG

1. Bestimmt, was im Modell der Erlenmeyerkolben darstellt und was der Luftballon.

Einblick in die Forschung

Dr. Catriona Clemmesen

Heringe spielen in den Ökosystemen der Ostseeküste eine wichtige Rolle. Um ein besseres Verständnis über die Zusammenhänge zwischen den verschiedene Ebenen der Nahrungsnetze zu erhalten, führt Dr. Catriona Clemmesen vom GEOMAR Helmholtz Zentrum für Ozeanforschung Kiel seit 15 Jahren eine Zeitserienuntersuchung in der Kieler Förde und dem Nordostseekanal durch.

Dr. Clemmesen ist besonders an dem Zusammenhang zwischen der Zusammensetzung des Zooplanktons und dem Ernährungszustand der Heringslarven interessiert, der einen Einfluss auf die Überlebensraten der Larven hat. Daraus lässt sich der Bestand der Heringe für die nächsten Jahre berechnen. Bei den wöchentlichen Beprobungen mit der Forschungsbarkasse „Polarfuchs" werden verschiedene Planktonnetze für Phytoplankton, Zooplankton und Fischlarven (Maschenweiten 50-500 µm) und Sonden eingesetzt, um Umweltdaten wie Temperatur, Salzgehalt und Sauerstoffgehalt zu erfassen.

Abb. 5: Das kleinste Forschungsschiff am Kieler GEOMAR, der Polarfuchs.

Die Ware Fisch - Können wir morgen noch Fisch essen?

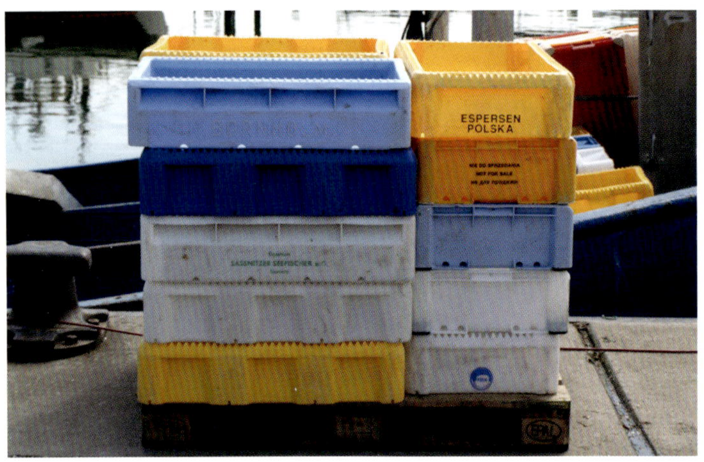

Abb. 1: Bunte Fischkisten im Hafen von Maasholm.

Seit Jahrtausenden ernährt sich der Mensch vom Fisch. Früheste archäologische Funde belegen, dass bereits in der Steinzeit der Mensch Fische als Nahrungsquelle genutzt hat. Unsere Vorfahren gingen mit kleinen, offenen Fischerbooten und einfachsten Netzen auf die Jagd, um ihre Familien zu ernähren und ihren Lebensunterhalt zu sichern. Über Jahrhunderte konnten sich Menschen so ernähren und ihren Proteinbedarf decken. Daneben entstand ein erster Handel: Trockendorsch aus Norwegen und Salzheringe aus der Ostsee wurden weltweit zu einer begehrten Ware. Aus der Versorgungsfischerei wurde eine Industrie, die heute den gesamten Globus umspannt. Durch die Weiterentwicklung der Fangtechniken und der Fischereischiffe wurde aus dem Fischhandel ein Wettkampf, der heute mit ungleichen Mitteln bestritten wird. Während es vor 50–100 Jahren noch große Bestände vieler Fischarten gab, sind heute viele dieser Bestände durch die intensive Fischerei bedroht oder verschwunden.

AUFGABE 1

1. Informiert euch über die gängigen Fangmethoden. Tragt die fehlenden Daten ein und erstellt einen kurzen Steckbrief mit folgenden Informationen:

Fangmethode	Steckbrief
	Name: Zielfischart: Funktionsweise: Größe des Netzes: Vorteile: Nachteile:

Fangmethode	Steckbrief
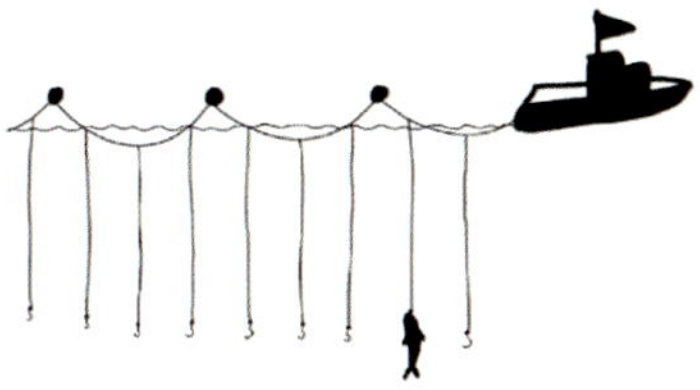	Name: Zielfischart: Funktionsweise: Größe des Netzes: Vorteile: Nachteile:
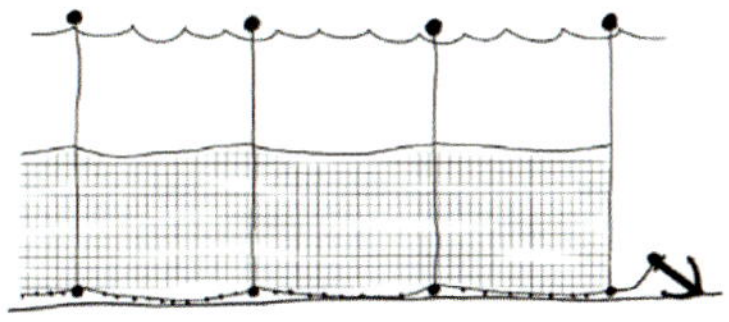	Name: Zielfischart: Funktionsweise: Größe des Netzes: Vorteile: Nachteile:
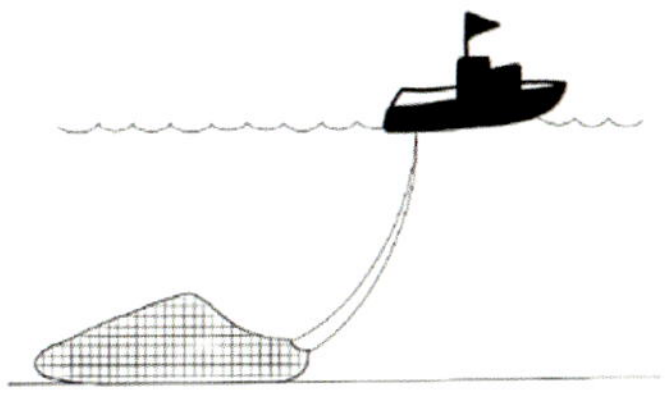	Name: Zielfischart: Funktionsweise: Größe des Netzes: Vorteile: Nachteile:
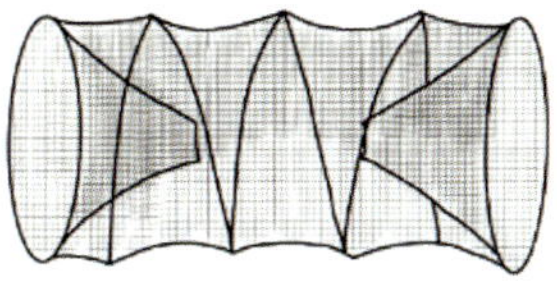	Name: Zielfischart: Funktionsweise: Größe des Netzes: Vorteile: Nachteile:

Fakten rund um die Fischerei

Heute gelten 30 % aller Fischbestände als überfischt und weitere 58 % aller Bestände sind an der Grenze der Belastbarkeit. Als überfischt gelten Fischpopulationen, bei denen mehr Fisch gefangen wird als natürlich nachwachsen kann.

Eine wachsende Weltbevölkerung und die damit verbundene steigende Nachfrage an Fischereiprodukten führten dazu, dass die Entwicklung in der Fischerei immer größere Schiffe und immer bessere Fangmethoden hervorbrachte. 1986–1995 verzehrte jeder Erdenbürger im Durchschnitt 13,4 kg Fisch pro Jahr. 2018 stieg dieser Wert auf 20,5 kg pro Jahr an. Die globale Produktion an Fischen und Meeresfrüchten lag 2006 bei etwa 140 Mio. t und stieg bis 2018 auf rund 179 Mio t. Neben einer intensiven Befischung des Ozeans wird ein Teil der Nachfrage auch durch den wachsenden Markt der Aquakulturen gedeckt.

Weltweit gibt es heute rund 54 Mio. Fischer, von denen alleine 87 % aus Asien kommen. Der Großteil dieser Fischer sind handwerkliche Kleinfischer. Der wesentlich kleinere Teil stellt eine hochindustrialisierte Fischindustrie dar, in der heute bis zu 500.000 Menschen beschäftigt sind. Ihre Flotten bestehen aus riesigen Fischtrawlern, die mehrere Monate auf See bleiben können und auf denen der Fisch direkt verarbeitet wird. Mit genauesten Ortungssystemen können sie Fische aufspüren und ganze Fischschwärme in ihren Schleppnetzen fangen. Ca. 35.000 dieser Industrieschiffe gibt es heute, die bis zu 250 Tonnen Fisch täglich fangen können.

2. Erstellt eine Infografik zum Thema Überfischung. Wählt dafür Zahlen aus der Infobox aus und stellt den Zusammenhang grafisch dar.

   Scannt dazu den QR-Code und schaut euch zunächst den Meeresatlas der Heinrich-Böll-Stiftung an. Sammelt hier Anregungen, wie man verschiedene Größen wie z.B. Größe der Flotten, Fangmengen, Anzahl der Arbeiterinnen und Arbeiter, Umsatz usw. gegenüberstellen kann.

3. Spielt das Fischerei-Spiel in eurer Gruppe.

Anleitung: Das Fischerei-Spiel

Ihr seid Fischer und Fischerinnen. Jeden Morgen fahrt ihr um 05:00 Uhr mit eurem Fischerkutter raus auf die Ostsee und fischt nach Heringen und das bei Wind und Wetter. Die Fischerei sichert den Lebensunterhalt eurer Familie.

Welche Materialien benötigen wir?

- Bohnen (Fische)
- Spatel (Fischernetz)
- 1 Löffel
- Schale (Ozean)
- Holzscheiben (Geld)
- Stoppuhr

Spielvorbereitung

- Vier Schülerinnen und Schüler setzen sich um einen Tisch.
- Jeder Spieler und jede Spielerin erhält einen Spatel.
- 20 Bohnen werden in eine Schale gegeben, die in der Mitte des Tisches steht.

Spielbeginn

1. Runde

- Während dieser Spielrunde darf nicht gesprochen werden.
- Jede Fischereirunde dauert 30 Sekunden. In dieser Zeit fischt ihr mit dem Spatel die Bohnen aus der Schale. Fischt ihr nur eine Bohne, könnt ihr eure Mitarbeiter bezahlen und die Reparaturen am Boot oder die Miete für die Lagerhalle; ihr verdient so viel, wie ihr ausgeben müsst. Ab der zweiten gefischten Bohne könnt ihr damit Geld verdienen. Für jede weitere gefischte Bohne erhaltet ihr eine Holzscheibe. Habt ihr nichts gefischt, könnt ihr die nächsten Runden nicht mehr mitfischen. Euer Familienbetrieb ist pleite.
- Nach jeder Fischereirunde reproduzieren sich die in der Schale gebliebenen Fische. Eure Lehrkraft verdoppelt die vorhandenen Bohnen.
- Spielt fünf Runden und wertet anschließend eure Ergebnisse aus.

2. Runde

- Ihr geht vor wie in der ersten Runde doch jetzt dürft ihr miteinander sprechen.
- Eine/r von euch erhält anstelle eines Spatels einen Löffel.

4. Beantwortet folgende Reflektionsfragen:

- Hat jemand in eurer Gruppe zu viele Fische genommen? Wie hast du dich dabei gefühlt? Hat jeder versucht möglichst viele zu nehmen? Warum oder warum nicht? Belohnt die Gesellschaft diejenigen mit den „meisten" Fischen?

- Hat jemand darauf verzichtet so viel wie möglich zu fischen? Wenn ja, warum oder warum nicht? Belohnt die Gesellschaft Menschen, die nicht so viele Fische fischen wie möglich zum Wohle der Gesellschaft?

- Wie hat sich eure Strategie in der zweiten Spielrunde geändert?

- Ist es möglich, die Anzahl der pro Person gefangenen Fische UND die Anzahl der darin verbleibenden Fische zu maximieren? Wie kann dies funktionieren?

5. Informiert euch im Internet, welche Möglichkeiten für die Umsetzung einer nachhaltigen Fischerei bestehen.

___

___

___

Heringsfischerei in der Ostsee

Auch bei uns in Deutschland hat die Fischerei eine lange Tradition. Durch das Aufkommen der Hanse wuchs auch die Heringsfischerei in der Mitte des 15. Jahrhunderts zu einem der wichtigsten Handelszweige der Ostsee. In Salz konservierter Hering wurde von der Ostsee in die ganze Welt verschifft. Aufgrund des starken Heringsvorkommens und der Tatsache, dass Heringe sich zum Laichen vermehrt in küstennahen Bereichen aufhalten, konnten sie mit einfachen Fangmethoden gefangen werden und wurden so zum lukrativen Handelsgut. Bis heute ist der Hering neben Dorsch und Scholle der am stärksten befischte Bestand.

Seit einigen Jahren beobachten Wissenschaftlerinnen und Wissenschaftler, dass die Heringsbestände der östlichen/westlichen Ostsee unter einem hohen Druck stehen. Die von der Politik zugelassene, intensive Fischerei lassen die Bestände der erwachsenen Fische sinken, während durch den Klimawandel nur wenige Heringslarven (Jugendstadien der Heringe) heranwachsen können. Die Politik hat aus diesem Grund nun strenge Fangquoten für den Hering erlassen. Auch heute dominieren in der Heringsfischerei an der deutschen Ostseeküste kleine Küstenfischer, deren Familien ihren Lebensunterhalt durch den Fischfang sichern. Das Thema ist viel diskutiert und emotional aufgeladen. Für eine Vielzahl an Kleinfischern ist die Existenz gefährdet. Dennoch gilt, dass der Hering geschützt werden muss, damit sich die Bestände erholen können.

AUFGABE 2

Führt Interviews durch, um verschiedene Positionen zum Spannungsfeld der Heringsfischerei kennenzulernen. Geht dabei wie folgt vor:

1. Vorbereitung der Interviews:

- Macht euch Gedanken, wer bei der Diskussion rund um die Heringsfischerei beteiligt sein könnte. Wer könnte gegensätzliche Meinungen vertreten? Recherchiert nach Kontakten im Internet.
- Überlegt, in welcher Form ihr das Interview im Anschluss präsentieren wollt und klärt, welches Material ihr dafür benötigt.
- Nehmt Kontakt auf und erklärt euer Anliegen und die Bitte um ein Interview. Vereinbart die Rahmenbedingungen (Besuch oder online, Aufnahme des Gesprächs, Was geschieht mit den Daten?).

Abb. 2: © Hannah Olinger on Unsplash

2. Fragen aufstellen:

- Überlegt euch Fragen, die interessante Antworten bringen. Vermeidet dabei Ja-/Nein-Fragen.
- Bringt die Fragen in eine logische Reihenfolge.
- Bedenkt Ausweich- oder Zusatzfragen, falls ihr nicht die Antwort auf eure konkrete Frage erhaltet.
- Probt das Interview in der Gruppe.

3. Interview durchführen:

- Seid freundlich und gut vorbereitet, bedankt euch für die Zeit.
- Seid flexibel, falls eine Frage schon früher beantwortet wurde, obwohl sie noch nicht dran ist.

4. Auswerten:

- Verschriftlicht eure Aufzeichnung.
- Geht den Text durch und bereinigt ihn, indem ihr Füllwörter löscht. Auch Wiederholungen und Überflüssiges können gelöscht werden.
- Bereinigt den gesprochenen Stil und bringt ihn in eine gut formulierte und gut lesbare Form. Aber Achtung: Der Sinn darf nicht verändert werden. Es gilt: So nahe am Original wie möglich, so weit weg wie nötig.
- Schickt euren Gesprächpartner oder Gesprächspartnerinnen eure fertigen Interviews und ermöglicht ihnen den Text zu verbessern.

Nachhaltiger Konsum von Fisch und Schalentieren

Abb. 1: Im Supermarkt gibt es eine große Auswahl von Meeresfrüchten. Als Verbrauchen können wir beim Kauf eine richtige Entscheidung treffen, nachhaltige Produkte zu kaufen.

Vom einfachen Hering bis zu teuren Delikatessen wie Hummer werden die meisten Meeresfrüchte, die wir essen, wild gefangen. Leider sind durch hohe Nachfrage, nicht nachhaltige Verwaltung und Umweltveränderungen viele Fischbestände weltweit **überfischt**. Das bedeutet, dass mehr Fische gefangen werden als natürlich nachwachsen können. Der **Fischbestand** nimmt dadurch drastisch ab. Eine aktuelle Studie legt nahe, dass bis zu 90 % aller Bestände nicht nachhaltig, also nicht zukunftsorientiert verwaltet werden. Es werden große Mengen Fisch und Meeresfrüchte mithilfe immer größerer Netze gefangen. So wurde zwischen 1950 und 1980 die Anlandung von Fischen, Muscheln und Krustentieren von 20 Millionen Tonnen auf 80 Millionen Tonnen **vervierfacht**. Wenn wir uns und unseren Nachfahren die Möglichkeit erhalten wollen auch in der Zukunft Fische und Schalentiere aus dem Meer zu essen, müssen wir unsere **Konsumgewohnheiten** verändern. Wir als Fischesser und Konsumenten der Zukunft müssen die richtigen Entscheidungen beim Einkauf treffen. Doch welches Fischprodukt im Supermarkt ist wirklich nachhaltig? Angesichts einer großen Anzahl an Fischarten, Fischbeständen, Fischereimethoden und Fanggebieten fällt einem die richtige Entscheidung nicht leicht.

AUFGABE 1

Umfrage zum Fischkonsum

MATERIAL

- Tablet oder Computer

DURCHFÜHRUNG

1. Erstellt eine Umfrage zum Fischkonsum in eurer Klasse. Verwendet dazu die Fragen aus Tabelle 1. *Fallen euch weitere Fragen ein, die zum Thema passen? Dann nehmt sie in die Tabelle mit auf.*

2. Die Umfrage kann digital oder per ausgedrucktem Fragebogen durchgeführt werden. Falls ihr euch für eine digitale Version entscheidet, fragt eure Lehrkraft nach geeigneten Webseiten zum Erstellen einer digitalen Umfrage.

3. Führt die Umfrage in eurer Klasse durch.

4. Wenn alle in der Klasse an der Umfrage teilgenommen haben, schaut euch das Klassenergebnis an und übertragt die Ergebnisse in Tabelle 1.

5. Stellt die Ergebnisse aller Fragen in Schaubildern dar.

Tabelle 1: Klassenergebnis

Frage	Antwort
Isst du Fisch?	von = %
Wie oft im Monat wird bei euch Fisch gegessen?	Ø
Wo kauft ihr den Fisch?	
Welchen Fisch isst du am liebsten?	
Worauf achtet ihr beim Kauf?	
Weitere Fragen:	

AUSWERTUNG

Beantwortet die folgenden Fragen:

1. Was läuft gut am Fischkonsum in eurer Klasse?

2. Was könnte eure Klasse verändern, um Fisch nachhaltiger zu konsumieren?

____

____

____

____

____

Kennzeichnungspflicht auf Verpackungen

In der Europäischen Union müssen Fisch, Fischerei- und Aquakulturprodukte gekennzeichnet sein, um dem Verbraucher eine größtmögliche Transparenz über die gekauften Produkte zu bieten. Nach dem Merkblatt zur Kennzeichnung von Fischen und Fischereierzeugnissen (LAVES, IFF Cuxhaven; Stand: 31.01.2019) müssen Fischprodukte mit folgenden Informationen auf der Verpackung oder Auslage gekennzeichnet sein:

1 die Handelsbezeichnung der Art und ihren wissenschaftlichen Namen

2 die Produktionsmethode, insbesondere mit folgenden Worten: „... gefangen ..." oder „... aus Binnenfischerei ..." oder „... in Aquakultur gewonnen ..."

3 das Gebiet, in dem das Erzeugnis gefangen oder in Aquakultur gewonnen wurde und die Kategorie des für den Fang eingesetzten Geräts

4 die Angabe, ob das Erzeugnis aufgetaut wurde

5 gegebenenfalls das Mindesthaltbarkeitsdatum

Welchen Fisch kann man noch kaufen?

Die Überfischung aber auch die Klimaveränderungen haben dazu beigetragen, dass viele Fischbestände weltweit als bedroht gelten. Umso wichtiger ist es, dass wir heute unser Verhalten ändern und zu bewussten Fischkonsumenten werden, damit sich auch nachfolgende Generationen vom Fisch ernähren können.

Da die Produktvielfalt im Supermarkt stetig größer wird und bei der Vermarktung von Produkten auf immer mehr Tricks zurückgegriffen wird, ist es heute gar nicht mehr so einfach, den richtigen Fisch zu kaufen. Nur wer sich informiert und genau hinschaut, kann vermeiden, Fischarten zu kaufen, die heute als stark bedrohte Arten gelten.

AUFGABE 2

MATERIAL

- „Einkaufskorb" mit Fischprodukten
- Tablet

DURCHFÜHRUNG

1. Nehmt euch einen „Einkaufskorb" und untersucht die Produkte. Wurden alle Vorgaben der Kennzeichnungspflicht eingehalten?

2. Tragt die Informationen in die Tabelle 2 ein.

3. Informiert euch mithilfe der Einkaufshelfer (WWF, Greenpeace,.....), Code-check und der Links hinter den QR-codes 2 und 3, wie die Fischprodukte bewertet werden. Übernehmt die Informationen ebenfalls in Tabelle 2.

4. Bewertet nun, ob ihr die Produkte kaufen würdet. Informiert euch dazu über die Siegel, indem ihr den QR-Code 4 scannt und die Informationen lest.

5. Tragt eure Kaufentscheidung in Tabelle 2 ein.

QR-Code 1	QR-Code 2	QR-Code 3	QR-Code 4

Tabelle 2:

Produkt	Art (deut. Name)	Art (wissen-schaftlicher Name)	Bestand/ Fanggebiet/ Aquakultur	Fangmethode	Bewertung in Einkaufshilfe	Einschätzung Thünen-Institut	Würdest du das Produkt kaufen?

AUFGABE

1. Warum haben unterschiedliche Quellen unterschiedliche Angaben zu sehr ähnlichen Produkten?

2. Erstellt einen Flyer, mit dem ihr auf nachhaltigen Fischkonsum hinweist. Schildert, wie man sich verhalten sollte und was man für eine richtige Kaufentscheidung zur Hilfe nehmen kann.

Wege in eine nachhaltige Fischerei

Die Situation in der Fischerei hat sich in den letzten Jahren zunehmend zugespitzt. Fischbestände sind in 2022 bis an das Maximum ausgeschöpft. Es ist Zeit für einen Paradigmenwechsel in der Fischerei und Hoffnung steckt in verschiedenen Ansätzen, die Potential aufweisen, Fischbestände zu schonen und dennoch Fisch für den Konsum entnehmen zu können.

Strategien für eine nachhaltige Fischerei

1. Anpassung von Schleppnetzen auch für große Fische
2. Anpassung von Schleppnetzen für Beifang
3. Fischzucht in Aquakulturen
4. Muschelfarmen in Aquakulturen

AUFGABE 3

1. Informiert euch über die verschiedene Strategien.
2. Füllt zu jeder Strategie ein Bewertungsplakat aus.

Dr. Felix Mittermayer ist Fischereibiologe am GEOMAR Helmholtz Zentrum für Ozeanforschung in Kiel. Nach seinem Studium der Meeresbiologie an der Uni Göteborg in Schweden, hat er am GEOMAR in der Arbeitsgruppe „Marine Evolutionsökologie" promoviert. In seiner Doktorarbeit untersuchte er, wie der Nachwuchs des Nordatlantischen Dorsch auf Ozeanversauerung reagiert.

Felix Mittermayer arbeitet seit vielen Jahren an diversen Themen rund um Fisch und Fischerei in der Ostsee und ist dabei besonders an den Effekten des Klimawandels auf Dorsch und Hering interessiert. Dorsche und Heringe sind nicht nur für die Fischerei wichtige Arten, da sie gerne gegessen werden, sondern sie sind auch für das Nahrungsnetz im Meer und damit das Ökosystem wichtig. Um Daten für seine Forschung zu sammeln, ist er an der Entwicklung von Unterwassergeräten beteiligt, die mit Hilfe von Kameras und Sonar Fische identifizieren, zählen und messen können. Außerdem fährt er regelmäßig mit dem Forschungsschiff Alkor in die westliche und zentrale Ostsee um Fischbestände zu beproben.

Bewertungsplakat:

Angesprochenes Problem:

Lösungsstrategie:

Darstellung der Strategie als Skizze:

Bewertung der Strategie:

PRO	CON

Handlungsempfehlung

- [ ] JA
- [ ] NEIN
- [ ] JA, WENN:

Modul 4

Verschmutzung

Einleitung: Verschmutzung des Ozeans

- Unterwasser-Schall und Lärmverschmutzung
- Müll im Ozean – Gemeinsam gegen die Plastikflut
- Invasive Arten und ihre Auswirkungen
- Eutrophierung der Ostsee – Wissenschaftliche Daten geben Auskunft über den Zustand der Meere

Abb. 1: Naja Bertolt Jensen on Unsplash

Einleitung: Verschmutzung des Ozeans

Unser Ozean steht heute unter einem großen Druck. Ca. 40 % der Weltbevölkerung lebt in einem Abstand von weniger als 100 km an den Küsten des Ozeans. Riesige Städte und urbane Ballungsräume reihen sich an den Küsten der Weltmeere auf. Hier wird gefischt, gereist, transportiert, entwässert, gefördert und gebadet. Alle diese Aktivitäten wirken sich auf den Ozean aus und beeinträchtigen ihn nachhaltig. Die Vielzahl der anthropogenen Aktivitäten rund um den Ozean hat dazu geführt, dass der Lebensraum stark verschmutzt ist und sich in einem kritischen Zustand befindet. Heute gelangen pro Jahr bis zu 400 Millionen Tonnen Schadstoffe in die Gewässer. Darunter findet man Chemikalien, Nährstoffe, Plastik, Schwermetalle, Arzneimittel, Kosmetikprodukte und vieles mehr. Dabei ist die Verschmutzung des Ozeans nicht auf einen Bereich hoher Bevölkerungsdichte beschränkt. Aufgrund des globalen Strömungssystems werden eingetragene Stoffe und Verschmutzungen weitergeleitet und um den Globus transportiert. So kommt es auch zur Verschmutzung entlegener Regionen mit geringer Bevölkerungsdichte.

Eines der größten Verschmutzungsprobleme unserer Zeit ist die Verschmutzung des Ozeans durch Plastikmüll. Die weltweite Nachfrage nach Kunststoffen wächst ungebremst. 2019 wurden über 350 Millionen Tonnen Plastik produziert, Tendenz steigend. Ob Lebensmittelverpackungen oder unser Handy, Gegenstände aus Plastik gehören zu unserem Alltag. Einen Großteil nutzen wir davon nur wenige Sekunden bis Minuten und schmeißen den Gegenstand anschließend weg.

Man spricht in diesem Fall von Einwegplastik oder single-use-Plastikprodukten. Durch unseren Konsum entstehen jährlich Unmengen an Plastikabfällen. Nach Schätzungen von Wissenschaftlerinnen und Wissenschaftlern landen jedes Jahr bis zu 12,7 Millionen Tonnen Plastikmüll im Ozean (Jambeck et al. 2015). Der Müll gelangt meerseitig durch die Fischerei und die Schifffahrt in den Ozean und landseitig über Flüsse und küstennahe Mülldeponien. Zunächst wurde angenommen, dass nur einige wenige große Flüsse in Asien und Afrika einen Großteil des Mülls transportieren. Doch eine neue Studie zeigt, dass sehr viel mehr Flüsse als zunächst gedacht, darunter auch kleinere Flüsse, viel Plastikmüll mit sich führen. Über die Mengen und Zusammensetzung von Müll in den Flüssen und an Flussufern selbst – und vor allem auch über die Quellen dieses Mülls – ist weniger bekannt. Die Menge von größeren Müllteilen scheint mit der Bevölkerungsdichte zu korrelieren und Mikroplastik gelangt häufig über Klärwerke oder bei Verlusten in der Kunststoffproduktion und der Kunststoffverarbeitung in die Umwelt. Diese Erkenntnisse beruhen häufig jedoch auf wenigen Datenpunkten, da insbesondere die Probennahme und Analyse von Mikroplastik sehr zeit- und ressourcenaufwändig ist. Wie lange es dauert, bis Plastik in der Umwelt abgebaut ist, weiß momentan noch niemand so genau. Je nach Objekt dauert es bei Plastik Jahrzehnte oder gar Jahrhunderte.

> Als Mikroplastik werden alle Kunststoffpartikel bezeichnet, die kleiner als 5 mm sind. Es wird geschätzt, dass zurzeit zwischen 5 und 50 Billionen dieser Partikel in den Weltmeeren treiben. Eine Vielzahl von Meeresorganismen verwechselt Mikroplastik mit der Nahrung und verschluckt sie oder nimmt sie passiv auf, wenn sie Wasser filtert (z.B. Miesmuscheln oder Bartenwale). Im Verdauungstrakt der Tiere kann Mikroplastik zu physischen Irritationen führen oder Schadstoffe freisetzen.

Es kann zwischen primärem und sekundärem Mikroplastik unterschieden werden. Primäres Mikroplastik sind runde oder scheibenförmige Partikel (Pellets), die als Ausgangsmaterial dienen, um größere Plastikobjekte herzustellen. Durch Unfälle bei der Herstellung oder beim Transport der Pellets können große Mengen in die Umwelt gelangen. Auch in Kosmetikprodukten, zum „Sandstrahlen“ oder als Verpackungsmaterial werden kleinste Plastikpartikel eingesetzt. Sekundäres Mikroplastik sind Bruchstücke oder Fragmente größerer Plastikteile, die langsam zerfallen (z.B. durch UV-Strahlen der Sonne oder Wellenbewegungen). Hierzu werden auch der Abrieb von Autoreifen sowie Kunststofffasern aus Kleidungsstücken gezählt.

Es gibt heute eine Vielzahl an Initiativen, Projekten und Bildungsprogrammen, die sich gegen den Konsum von Einwegprodukten stark machen. Dies hat zu einem Umdenken in der Gesellschaft geführt und auch Veränderungen in der Industrie herbeigeführt. Dennoch steigt die Kunststoffproduktion und ein politisches Handeln wird notwendiger denn je. Seit 2019 gilt in der EU die Einwegkunststoffrichtlinie, die den Verkauf von single-use-Plastikprodukten wie Wattestäbchen, Einweggeschirr, Trinkhalme usw. verbietet.

Doch nicht nur sichtbare Verschmutzungen wie die durch Plastikmüll üben einen Stress auf den Ozean aus. Wir belasten das Ökosystem durch einen erhöhten Nährstoffeintrag stickstoffhaltiger und phosphathaltiger Nährsalze. Diese stammen aus der Landwirtschaft oder aus ungeklärten Abwässern und werden ebenfalls über die Flüsse und das Grundwasser in den Ozean geleitet.

Stickstoff sowie Phosphatsalze sind für das Wachstum des Phytoplanktons essenziell. Nur durch die Anwesenheit einer bestimmten Phosphat- und Nitratkonzentration kommt es zur Reproduktion des Phytoplanktons und damit zum Grundstein des so bedeutenden Nahrungsnetzes im

Ozean. In sogenannten Auftriebsgebieten vor den Westküsten der Kontinente gelangt nährstoffreiches Tiefenwasser an die Wasseroberfläche und sorgt dafür, dass die Gewässer plankton- und damit auch besonders fischreich sind. Kommt es jedoch zu einer übermäßigen, lang anhaltenden Nährstoffzufuhr so hat dies auch ein dramatisches Wachstum des Phytoplanktons zur Folge. Die Biomasse und damit auch die höheren Konsumentenstufen nehmen in diesen Gebieten über einen langen Zeitraum deutlich zu. Gleichzeitig geht damit eine Zunahme der Destruententätigkeit und der abbauenden Prozesse einher. Zu Boden sinkende abgestorbene Biomasse wird von aeroben Bakterien abgebaut, es kommt zu einer Sauerstoffzehrung, die eine Veränderung der Biodiversität mit sich bringt. Ohne Sauerstoff werden Meeresgebiete für Organismen nicht bewohnbar, als Folge wandern die Organismen ab oder sterben. Lediglich einige wenige Organismen, die mit geringen Sauerstoffkonzentrationen zurechtkommen, verbleiben in ihrem Lebensraum. Das Ökosystem jedoch ist geschwächt und lässt sich unter Umständen nicht regenerieren.

Die Eutrophierung von Gewässern ist bereits in der ersten Hälfte des 20. Jahrhunderts in größeren Städten beobachtet worden und seit den 1960er Jahren auch in der Ostsee ein größer werdendes Problem. Stickstoffhaltige Waschmittel und unkontrollierte Düngevorschriften in der Landwirtschaft führten zu einer Vervierfachung der Stickstoffeinträge und zu einer Verachtfachung der Phosphateinträge. Erst durch eine starke Reglementierung der landwirtschaftlichen Düngung und dem Verbot von Phosphaten in Waschmitteln konnten die Einträge in den 90ern reduziert werden. Trotz der reduzierten Nährstoffeinträge bleibt der Eutrophierungszustand der Ostsee auf einem hohen Niveau. Weitere Schutzmaßnahmen sind die im Jahr 2000 in Kraft getretene Wasserrahmenschutzlinie sowie die 2008 in Kraft getretene Meeresstrategie-Rahmenrichtlinie der EU. Beide Strategien machen es möglich, die Reduktion der Nährstoffeinträge in unserer heimischen Nord- und Ostsee rechtlich umzusetzen.

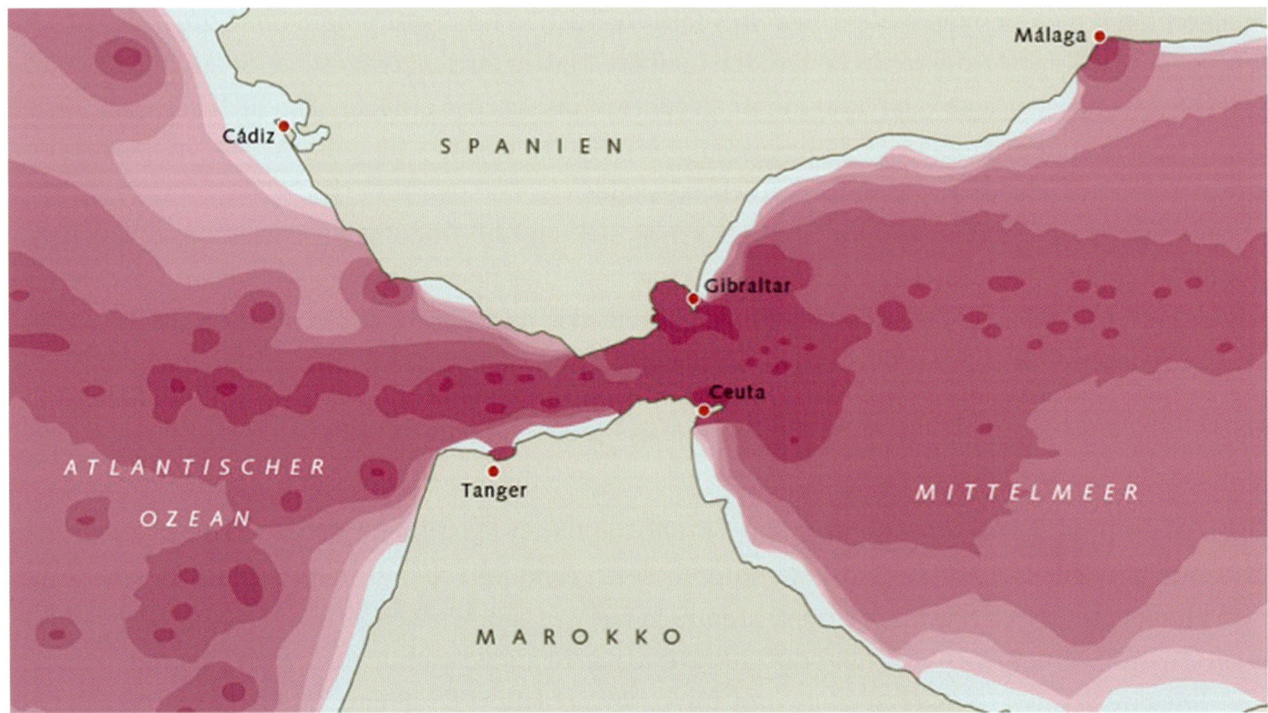

Abb. 2: Auch Lärm verschmutzt die Meere. Französische Forscher veröffentlichten 2014 erstmals eine Karte der Schallbelastung in der viel befahrenen Straße von Gibraltar. Die Rotfärbung veranschaulicht dabei die Höhe des Schallpegels – je röter, desto lauter. Quelle WOR 4

Eine Verschmutzungsart, die sich aus der Zunahme der Aktivitäten rund um den Ozean ergibt, weist in der Forschung noch große Lücken auf. Die natürliche Welt der Geräusche ist geprägt durch Wind, Regen und Donner und auch durch Tierlaute wie die Klicklaute der Schweinswale, die Rufe der Blauwale und weniger laute Geräusche wie das Grunzen der Fische. Doch durch die Zunahme des Schiffsverkehrs, der Ölbohrungen oder Rammungen zur Errichtung von Windparks, um nur einige Aktivitäten zu nennen, hat die Lärmbelastung vielerorts dramatisch zugenommen. Zu den natürlichen Geräuschquellen summiert sich der anthropogen verursachte Lärm und dies bleibt nicht ohne Folgen.

> Klänge und Geräusche sind die wichtigsten „Werkzeuge“ vieler Tiere, um Beute zu finden und mit anderen Artgenossen zu kommunizieren. Zahnwale nutzen beispielsweise Geräusche, um sich zu orientieren. Werden ihre Kommunikationsschallwellen durch anthropogenes (vom Menschen verursachtes) Rauschen verdeckt oder gestört, sind sie nicht in der Lage, die Laute anderer Artgenossen zu hören, um sich zu paaren oder Informationen über gute Nahrungsquellen zu erhalten.

Dies kann eine wichtige Rolle beim Überleben der Einzeltiere oder gesamten Art spielen. Darüber hinaus versuchen viele Wale den extrem lauten Geräuschen zu entkommen oder den Lärm zu meiden. Dies kann zum Stranden der Wale und somit zu ihrem Tod führen. Lärm kann ebenso das natürliche Verhalten der Tiere stören, sodass sie ihren bekannten Lebensraum verlassen, um vorübergehend oder dauerhaft stillere neue Orte zu finden. Dies kann zu Schwangerschaftsabbrüchen durch akuten Stress und zu bleibenden Veränderungen in der Verteilung der Tiere führen. Sehr laute, kontinuierliche oder impulsartige Geräusche schädigen bei bestimmten Frequenzen das Gehör, was dazu führen kann, dass es nicht mehr möglich ist, für die Tiere wichtige Signale zu hören (z. B. ein sich näherndes Schiff). Kontinuierlicher Stress durch Lärmbelästigung kann ihr Immunsystem beeinflussen und sie anfällig für Infektionskrankheiten und parasitäre Infektionen machen. Viele Meeressäugetiere nutzen ihre Hör- und Kommunikationsfähigkeiten in Frequenzbereichen, die sich von denen unterscheiden, die von Menschen verwendet werden. Die Meeressäugetiere können daher von Geräuschen betroffen sein, die wir weder in der Luft noch unter Wasser hören können. Bei der Bewertung der Auswirkungen von Lärm auf Meeressäugetiere ist es oftmals unerlässlich, Aufzeichnungs- und Analysesysteme in breiten Frequenzbereichen zu verwenden, die Klänge und Geräusche offenbaren, die wir mit unseren Ohren nicht erkennen können.

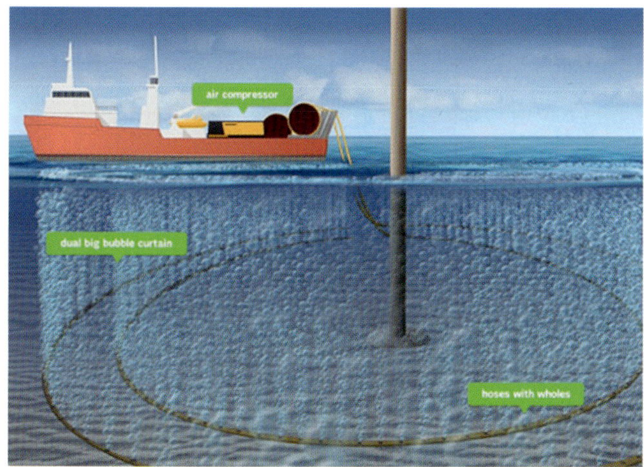

Abb. 3: Ein Blasenschleier hilft, den durch Rammen erzeugten Lärm zu reduzieren. © links: Dantysk, rechts: Hydrotechnik Lübeck. Quelle: Marine Mammals. Tauche ein in die Wissenschaft. Lernmaterialien.

Wissenschaftlerinnen und Wissenschaftler sind sich einig, dass sich der Schiffsverkehr zwischen 1950 und 2000 etwa verdoppelt und sich dadurch der Lärmpegel um geschätzte drei Dezibel pro Jahrzehnt erhöht hat. Da die Dezibel-Skala eine logarithmische Skala ist und keine lineare, bedeutet dies, dass sich die Schallintensität alle zehn Jahre verdoppelt hat. Was fehlt, ist eine Forschung zur aktuellen Lärmbelastung im Ozean und wie sich diese auf die Meeresorganismen auswirkt. Erkenntnisse aus der Forschung müssten dann von Politikerinnen und Politikern sowie Entscheidungsträgerinnen und Entscheidungsträgern berücksichtigt werden, wenn es um Fragen der Ozeannutzung geht. Dazu gehört auch das Einsetzen von Schallminderungsanlagen wie z.B. einem Blasenvorhang, der beim Bau von Off-shore Windparks die Schallwellen der Rammungen dämpfen sollen.

Eine weitere jedoch andere Art der Verschmutzung ist das Einbringen nichtheimischer Organismen in ein Ökosystem, was auch als Verschleppung von Arten bezeichnet wird. Das Wandern von Arten und das Einbringen von gebietsfremden Arten in Ökosysteme hat mindestens eine so lange Geschichte wie die Seefahrt und das Handeln mit Gütern.

Nicht immer führte dies zu Problemen in einem Ökosystem und es lässt sich eine Vielzahl an Arten finden, die wir heute als heimische Art einordnen, die aber noch vor wenigen Jahrzehnten gebietsfremd war. Als Nutzpflanzen kamen z.B. die Kartoffel und der Mais ursprünglich aus Südamerika und sind heute nicht mehr aus unserer heimischen Landwirtschaft wegzudenken. Doch die zunehmende Globalisierung verschärft das Problem, denn die Anzahl der Arten, die in ein fremdes Gebiet eingetragen werden, steigt exponentiell. Dies ist vor allem darauf zurückzuführen, dass die Anzahl der Vektoren, also der Möglichkeiten eingetragen zu werden oder zu „reisen“, stark gestiegen ist. Vor allem Ballastwasser von Schiffen, das zur Stabilisierung der Schiffe dient, trägt maßgeblich zur Verschleppung der Arten bei. Einer Schätzung nach befinden sich im Ballastwasser von Frachtern mehrere 10.000 Arten, die in fremden Häfen entleert werden. Zwar überleben nicht alle Organismen die Fahrt im Ballastwassertank, doch gemessen an der Vielzahl der Schiffe, die weltweit den Globus umrunden, trägt die Schifffahrt damit maßgeblich zur Verbreitung bei. Die mittlerweile bei uns als heimische Art geltende Schwertmuschel und auch die Strandkrabbe wurden einst auf diesem Wege in die Nord- und Ostsee gebracht. Eine internationale Initiative zur Behandlung von Ballastwasser führte dazu, dass die Behandlung an Bord bereits seit 2016 vorgeschrieben ist. Ein wichtiger Schritt, um zukünftige Arteinschleppungen zu verhindern.

Auch künstliche Schifffahrtswege können dazu beitragen, dass Barrieren von Arten überwunden werden. So wurden zum Beispiel an die 300 Arten ins Mittelmeer eingeführt, wo sie vorher nicht vorkamen.

Laut einer Studie aus dem Jahre 2008 konnten sich in der Nord- und Ostsee zwischen 80 und 100 eingeschleppte Arten etablieren. Auch an der Außenhaut von Schiffsrümpfen (Fouling) wandern Meeresorganismen mit in entfernte Regionen und entlassen ihre Larven in fremde Gewässer. Die pazifische Auster ist eine in der Nordsee verbreitete invasive Art. Kultiviert in Aquakulturen konnte sie sich von dort ausbreiten und sich etablieren. Neben diesen Vektoren trägt auch der weltweit treibende Plastikmüll dazu bei, dass Arten sich in nicht heimischen Gewässern verbreiten.

Welche Auswirkungen das Einschleppen von fremden Arten in ein Ökosystem hat, lässt sich nicht verallgemeinern. So gibt es eine Vielzahl an Beispielen, die sich in bestehende Lebensgemeinschaften eingliedert haben und keine negativen Auswirkungen mit sich gebracht haben. Andere hingegen bringen die Stabilität eines Ökosystems stark ins Wanken. Dies ist vor allem dann der Fall, wenn keine Fressfeinde vorhanden sind, die Art aber ungehindert untere Trophieebenen bejagt. Diese Arten vermindern die Biodiversität in einem Gebiet, indem sie heimische Arten verdrängen. Auch ein bestimmtes Verhalten einer eingeschleppten Art kann sich negativ auf ein Ökosystem auswirken. Die bei uns eingeschleppte Wollhandkrabbe tritt in manchen Jahren massenhaft auf. Durch das Graben mit den Scheren zerstören die Individuen in diesen Jahren Uferböschungen und verändern so das Habitat heimischer Arten. Neben den ökologischen Folgen kann das Einschleppen von Arten sich auch auf die wirtschaftliche Entwicklung einer Region auswirken. Die Rippenqualle *Mnemiopsis leydi* trat vor 25 Jahren massenhaft am Schwarzen Meer auf und sorgte dort für einen drastischen Einbruch der Fischereierträge, da sich die Rippenqualle vornehmlich von Eiern und Fischlarven ernährt und so die heimischen Fischpopulation stark dezimierte.

Der negative Einfluss von eingeschleppten Arten wird vor allem in den gemäßigten Breiten beobachtet. Die milden Temperaturen vereinfachen es neuen Arten sich hier zu etablieren. Der Klimawandel stellt hierfür eine Triebfeder dar.

> **Durch die globale Erwärmung kommt es zur Ausbreitung der gemäßigten Breiten in Richtung der Pole, was die Invasion gebietsfremder Arten weiter begünstigt und beschleunigt.**

Neben den Schädigungen, die eine invasive Art mit sich bringen kann, wird ebenfalls diskutiert, dass auch positive Effekte auf ein Ökosystem beobachtet werden. So können gebietsfremde Arten auch dazu beitragen ein instabiles Ökosystem zu stabilisieren, indem neue Arten als Nahrungsquelle dienen. Dies gilt ebenso für eine ökonomische Nutzung.

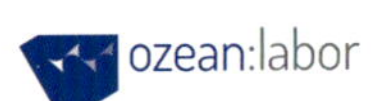

Unterwasser-Schall und Lärmverschmutzung

Abb. 1: Mit einem Hydrophon und Kopfhörern kann man den Lärm unter Wasser hören.

Wir leben in einer Welt voller Geräusche: Natürliche **Schallwellen** beispielsweise verursacht von Regen, Wind und singenden Vögeln. Hinzukommen vom Menschen verursachte Schallwellen durch Autoverkehr, Schiffe und vieles mehr. Zahlreiche Tiere nutzen Schallwellen zur **Orientierung**. Sie hören herannahende Feinde und spüren Beutetiere auf.

Auch die Unterwasserwelt ist nicht still. Unter Wasser wird gegrunzt, gequakt, gesungen und geknurrt. Auch Wind, Donner, Regen und Eis erzeugen Schallwellen unter Wasser. Meerestiere wie Wale sind gut an natürlich vorkommende Geräusche angepasst und besonders darauf angewiesen, ihre Umgebung durch Schallwellen wahrzunehmen.

Jedoch gibt es unter Wasser auch sehr viel durch Menschen verursachten **Lärm**. Beispielsweise hat der Schiffsverkehr und damit der Motorenlärm stark in den letzten Jahrzehnten zugenommen. Wo immer **menschliche Aktivitäten** im Meer stattfinden, ist meist auch eine Zunahme an Lärm festzustellen. Für die Meeressäuger bleibt dies jedoch nicht ohne Folgen.

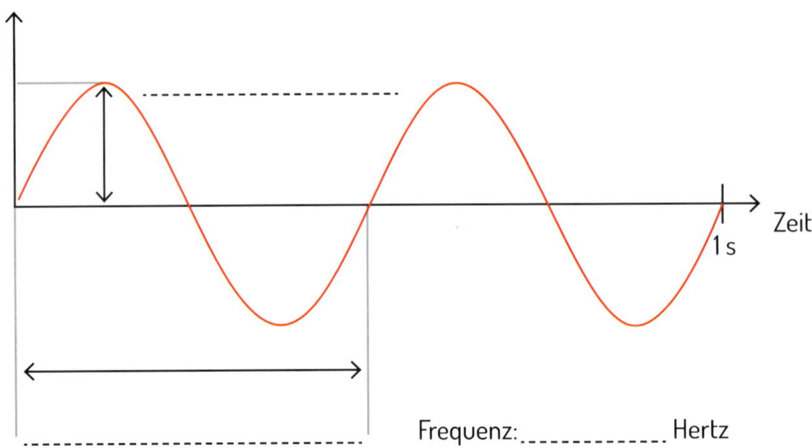

Abb. 2: Die Abbildung zeigt ein einfaches Sinussignal eines einzelnen Tons beispielsweise von einer Stimmgabel. Wie wir Schall empfinden, hängt von der Tonhöhe, bestimmt durch die Wellenlänge (Frequenz), und der Lautstärke (Amplitude) ab.

AUFGABE

Beschriftet die Abbildung mit folgenden Begriffen: Wellenlänge, Amplitude und bestimmt die Frequenz in Hertz. Die Infobox auf der folgenden Seite kann euch dabei helfen.

Eigenschaften von Schall und Unterwasserlärm

Geräusche und Töne werden erzeugt, indem Luftteilchen anfangen zu schwingen und Luftdruckschwankungen erzeugen. Diese Schwankungen sind Schallwellen, die von unserem Ohr mit unserem Trommelfell aufgefangen werden können. Je stärker diese Schallwellen sind, desto größer ist die Lautstärke. Je schneller die Teilchen schwingen, desto höher ist der Ton. Die Frequenz beschreibt hierbei die Schwingungen pro Sekunde und damit die Tonhöhe. Angegeben wird die Frequenz mit der Einheit Hertz (Hz). Schall breitet sich je nach Umgebung unterschiedlich schnell aus. Die Schallgeschwindigkeit ist abhängig von der Temperatur, dem Druck und der Dichte und im Meer somit auch vom Salzgehalt. Die Schallgeschwindigkeit im Wasser ist wesentlich höher als in der Luft, so kann der Schall im Wasser eine deutlich größere Distanz überwinden.

Die Schallgeschwindigkeit beträgt in Luft etwa 340 m/s
Die Schallgeschwindigkeit beträgt in Seewasser etwa 1700 m/s

Der Mensch kann Töne im Frequenzbereich von 20 bis 20.000 Hz hören (20.000 Hz entspricht 20 kHz). Je nach Tierart sind die Hörgrenzen sehr unterschiedlich. Robben können in der Luft bis zu 30 kHz hören, während sie unter Wasser sogar bis zu 60 kHz hören können. Dies stellt eine außergewöhnliche Anpassung an das Leben in Luft und Wasser dar. Viele Zahnwale können sogar noch höhere Frequenzen im Ultraschallbereich hören. Rekordhalter sind die Schweinswale, die Frequenzen über 140 kHz hören können. Wie andere Zahnwale besitzt auch der in Nord- und Ostsee heimische Schweinswal ein sogenanntes Echoortungssystem. Damit ist er in der Lage, sich unter Wasser „blind" über sein Gehör zu orientieren und Beute aufzuspüren. Zwar können Schweinswale auch mit den Augen sehen, jedoch ist der Gehörsinn viel wichtiger und besser ausgeprägt. Das Echoortungssystem ist überlebenswichtig.

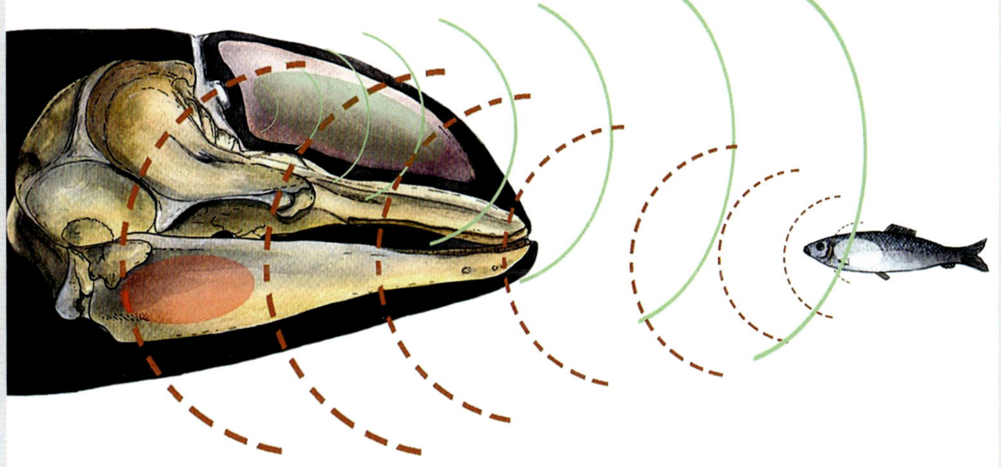

Abb. 3: Die Echoortung der Schweinswale. Klicklaute werden durch die phonischen Lippen (1) hinter der Melone (2) erzeugt und ausgesendet. Das Echo dieser Schallwellen wird dann vom Unterkiefer (3) aufgefangen und an das innere Ohr (4) und die Gehörknöchelchen weitergeleitet. ©MARINE MAMMALS

Versuch 1: Das menschliche Hörvermögen und Schallwellen unter Wasser

Junge Menschen können von etwa 20 Hz bis zu 20 kHz hören. Mit zunehmendem Alter nimmt die obere Hörgrenze ab, sodass die meisten Menschen über 50 Jahre Schwierigkeiten haben, hohe Töne über 10 kHz zu hören. Menschen hören am besten Frequenzen zwischen 2-4 kHz, was deutlich höher ist als die Frequenzen, mit denen wir sprechen (85-255 Hz). Unsere Ohren sind nicht für das Hören im Wasser gebaut, sondern haben sich im Laufe der Evolution an das Hören in der Luft angepasst. Mit einem Stethoskop lassen sich dennoch Schallwellen unter Wasser einfangen.

MATERIAL

- Tablet oder Computer
- Lautsprecher
- Stethoskope
- Aquarium oder Eimer mit Wasser

DURCHFÜHRUNG

1. Testet euer Hörvermögen mit diesem Video: https://www.youtube.com/watch?v=pqP0TurpuPU.

   Dafür spielt ihr zunächst das Video mit den verschiedenen Frequenzen ab und beobachtet, welche Frequenzen ihr nicht mehr hören könnt. Das Video startet mit 20 Hz und endet bei 20 kHz. Nach jeweils 5 Sekunden erhöht sich die Frequenz. Stellt die Lautstärke des Videos am Anfang moderat ein und verändert sie danach nicht mehr. Welche Frequenzen könnt ihr hören? Füllt die Tabelle aus und vergleicht eure Hörschwelle mit der von anderen Personen.

In Hz	20	40	60	80	100	200	400	600	800	1k	2k	4k	6k	8k	10k	14k	15k	17k	20k
Hörbar?																			

2. Das Stethoskop ermöglicht euch Schallwellen unter Wasser zu hören. Vergleicht nun mit dem Stethoskop verschiedene Schallwellen an der Luft und im Wasser. Testet, wie es sich für Fische anhören könnte, wenn ihr in einem Aquarium an die Scheibe klopft. Haltet dafür das Stethoskop abwechselnd über und unter Wasser.

Material	Beobachtung und Erklärung
Stethoskope in Luft	
Stethoskope im Wasser	

Versuch 2: Frequenzmessung mit dem Smartphone

Wale und Delfine benutzen eine Vielzahl von verschiedenen Lauten, um zu kommunizieren. Forscher nehmen die Gesänge und Klickgeräusche von Walen mit einem Unterwassermikrofon (ein sogenanntes Hydrophon) auf. Um herauszufinden, welche Walarten sie aufgenommen haben, untersuchen sie die Aufnahmen mittels Spektrogrammen. Ein Spektrogramm ist die bildliche Darstellung des zeitlichen Verlaufs der verschiedenen Frequenzen. Eine Vielzahl von Spektrogrammen verschiedener Walarten lässt auf www.dosits.org unter Galleries, Audio Gallery, Marine Mammals entdecken. Auf der y-Achse der Spektrogramme ist hierbei jeweils die Frequenz abgebildet. Die x-Achse ist eine Zeitachse. Die Frequenzen der Gesänge einiger Arten, die Ultraschall benutzen, wurden so verändert, dass sie für uns Menschen hörbar sind. Auch für Smartphones gibt es bereits zahlreiche Apps um Frequenzmessungen durchzuführen, beispielsweise Analyzer oder SpectrumView.

MATERIAL

- Smartphone oder Tablet
- Stimmgabeln

DURCHFÜHRUNG

1. Ladet euch eine App runter um Frequenzen zu messen (Analyzer, SpektrumView).
2. Findet heraus, was die Farbskala darstellt und versucht nun möglichst tiefe und hohe Töne aufzuzeichnen.

3. Bis zu welcher Frequenz könnt ihr Töne mit eurer Stimme oder Pfeifen erzeugen? Tragt eure Werte in die Tabelle ein und vergleicht sie mit den Klicklauten der Schweinswale und dem einsamsten Wal der Welt. Versucht nun mit anderen Gegenständen und den Stimmgabeln möglichst hohe Frequenzen zu erzeugen.

4. Findet heraus, welche Tierarten sehr hohe Frequenzen erzeugen und warum diese Tiere hochfrequente Schallwellen benutzen. Recherchiert außerdem, wer der einsamste Wal der Welt ist.

BEOBACHTUNG

Schallquelle	Frequenz
Stimme	
Pfeifen	
Andere Gegenstände	
Schweinswale	110 - 150 kHz

Unterwasserlärm – eine Gefahr für Meeressäuger

Unterwasserlärm kann das natürliche Verhalten der Meerestiere stören und sie dazu bringen, die Nahrungssuche zu unterbrechen, ihr Tauchverhalten zu ändern, möglicherweise sogar die Fortpflanzung zu unterbrechen und ihren bekannten Lebensraum zu verlassen, um ruhigere Orte zu finden. Sehr laute kontinuierliche Geräusche durch Sonar von Schiffen oder auch impulsive Geräusche durch Explosionen können das Gehör bei bestimmten Frequenzen vorübergehend oder dauerhaft schädigen. Dadurch können wichtige Signale (z. B. ein sich näherndes Schiff oder bestimmte Frequenzbereiche von Paarungsrufen) nicht gehört werden.

AUFGABE

https://www.youtube.com/watch?v=Ohk3AkMImB8

Schaut euch dieses Video an. Für das Video wurde ein Schweinswal in Dänemark mit einem Sender ausgestattet. Dieser Sender misst die Umgebungsgeräusche mit einem Mikrofon und zudem die Tauchtiefe des Schweinswals. Auf der x-Achse ist die Zeit dargestellt. Der Schweinswal begegnet um 18:47:24 eine Fähre, die sehr laut ist. Beobachtet nun die Reaktion des Schweinswals.

Versuch 3: Schall und Schallminderung

Es gibt verschiedene Methoden zur Schallminderung. An Autobahnen werden Lärmschutzwände verwendet, um Bewohner vor dem Straßenlärm zu schützen. Bauarbeiter setzen sich Kopfhörer auf, um sich vor dem Baulärm zu schützen. Aber wie kann man Meeressäuger vor Baulärm bei Offshore-Konstruktionen von Windkraftanlagen schützen? Eine Möglichkeit für eine Lärmschutzmaßnahme ist der sogenannte Blasenschleier, eine Lärmschutzwand aus Luftbläschen. Dieser wird beim Bau von Offshore-Windkraftanlagen eingesetzt um die Geräusche von Bauarbeiten unter Wasser zu dämpfen. Die Pfähle für die Windkraftanlagen werden in den Meeresboden gerammt, wobei sehr viel Lärm entsteht, der Schweinswale in der Nähe der Baustellen bedroht.

MATERIAL

- Aquarium
- Kompressor mit Druckluft oder Luftpumpe
- Stethoskop
- perforierter Schlauch aus dem Aquariumshandel
- Schlauch
- Hammer
- Metallstange

DURCHFÜHRUNG

1. In diesem Versuch baut ihr einen Miniatur-Blasenschleier. Füllt dafür das Aquarium mit Wasser und führt die Rammarbeiten zunächst ohne Blasenschleier durch um das Ausmaß der Lautstärke nachzuvollziehen. Haltet dafür das Stethoskop unter Wasser. Die Rammarbeiten könnt ihr mit einem Hammer und einer Metallstange nachstellen. Achtung, haltet die Metallstange nicht direkt auf den Boden des Aquariums.

2. Nun kommt der Blasenschleier zum Einsatz. Um einen eigenen Blasenschleier zu basteln, benötigt ihr einen perforierten Schlauch. Den könnt ihr im Aquariumshandel kaufen oder versuchen selbst herzustellen. Verbindet nun den perforierten Schlauch mit einem weiteren Schlauch und dem Kompressor. Befestigt den Schlauch in einem Ring am Boden des Aquariums.

3. Wiederholt nun die Rammungen und überprüft, ob eure Lärmschutzmaßnahme in der Lage ist, die Geräusche der Bauarbeiten zu reduzieren. Haltet dafür euer Stethoskop außerhalb des Blasenschleiers während der Rammungen.

AUSWERTUNG

1. Beschreibt die Veränderungen durch den Einsatz des Blasenschleiers.

____

____

2. Sammelt Pro- und Contra-Argumente zur Errichtung eines Windparks in der Nordsee.

4. Formuliert Auswirkungen, die die Errichtung des Windparks oder das Verhindern mit sich bringen würde.

Einblick in die Forschung

Prof. Prof. Dr. Ursula Siebert

Prof. Prof. Dr. Ursula Siebert, Zoologin, Tierärztin und Leiterin des ITAW Büsum (Institut für Terrestrische und Aquatische Wildtierforschung der Tierärztlichen Hochschule Hannover) und ihre Mitarbeitenden forschen seit vielen Jahren an marinen Säugetieren, wie Schweinswalen und Seehunden.

Sie untersuchen z. B., wie sich menschliche Aktivitäten in der Nord- und Ostsee auf die Meeressäugetiere auswirken und beraten die Ministerien bei ihren Entscheidungen, wo und wie man Windkraftanlagen baut, um die Tiere möglichst wenig zu stören.

Abb. 4: 2016 strandeten 30 junge Pottwale in der Nordsee.

Wenn ein Wal oder eine Robbe am Strand gefunden oder lebend gesichtet wird, sollte das dem ITAW gemeldet werden. Jeder kann dadurch mithelfen!

Lebende Schweinswale kann man im Fjord & Bælt Kerteminde in Dänemark beobachten. Eine Walausstellung mit vielen Informationen und Walskeletten und -Modellen kann man sich im Multimar Wattforum in Tönning anschauen.

Müll im Ozean – Gemeinsam gegen die Plastikflut

Abb. 1: Sekundäres Mikroplastik am Strand.

Jährlich werden weltweit über 350 Millionen Tonnen Plastik produziert. Als Plastik bezeichnet man **Kunststoffe** aller Art. Sie werden vorwiegend aus **Erdöl** hergestellt und sind nicht – oder nur sehr langsam – biologisch abbaubar. Aus unserem Alltag sind Kunststoffe nicht mehr wegzudenken. Ob Lebensmittelverpackungen oder unser Handy, Gegenstände aus Plastik gehören zu unserem Alltag! Einen Großteil nutzen wir davon nur wenige Sekunden bis Minuten und schmeißen den Gegenstand dann weg. Man spricht in dem Fall von **Einwegplastik**. So entstehen jährlich Unmengen an Plastikabfällen. Nach Schätzungen von Wissenschaftlerinnen und Wissenschaftlern landen jedes Jahr bis zu 12,7 Millionen Tonnen dieses Mülls über verschiedene Wege im Ozean (Jambeck et al. 2015). Das stellt eine Gefahr für das Ökosystem dar. Wie lange es dauert, bis Plastikgegenstände im Ozean vollständig abgebaut sind, kann man heute noch nicht genau sagen. Bis beispielsweise Bakterien, Pilze oder andere sehr kleine Lebewesen das Plastik in seine kleinsten Bausteine zerlegt haben, kann es viele **Jahrzehnte** oder **Jahrhunderte** dauern. Bei natürlichen Materialien (z.B. kompostierbare Abfälle oder Holz) geht dieser Vorgang viel schneller. Es kommt also ganz auf das Material an.

Aber wie kommt der Müll ins Meer? Und was können wir alle tun, um das Meer zu schützen? Gemeinsam suchen wir Antworten auf diese Fragen.

AUFGABE

Der Weg des Plastikmülls

Schaut euch die Abbildung 2 genau an und bearbeitet die folgenden Aufgaben:

1. Erstellt eine Liste der Müllquellen, über die Plastikmüll in die Meere gelangt.

____

____

2. In der Abbildung erkennt man, dass Plastik von Meereslebewesen aufgenommen wird oder dass sie sich darin verfangen. Erläutert, wie sich dies auf das Nahrungsnetz im Ozean auswirkt.

____

____

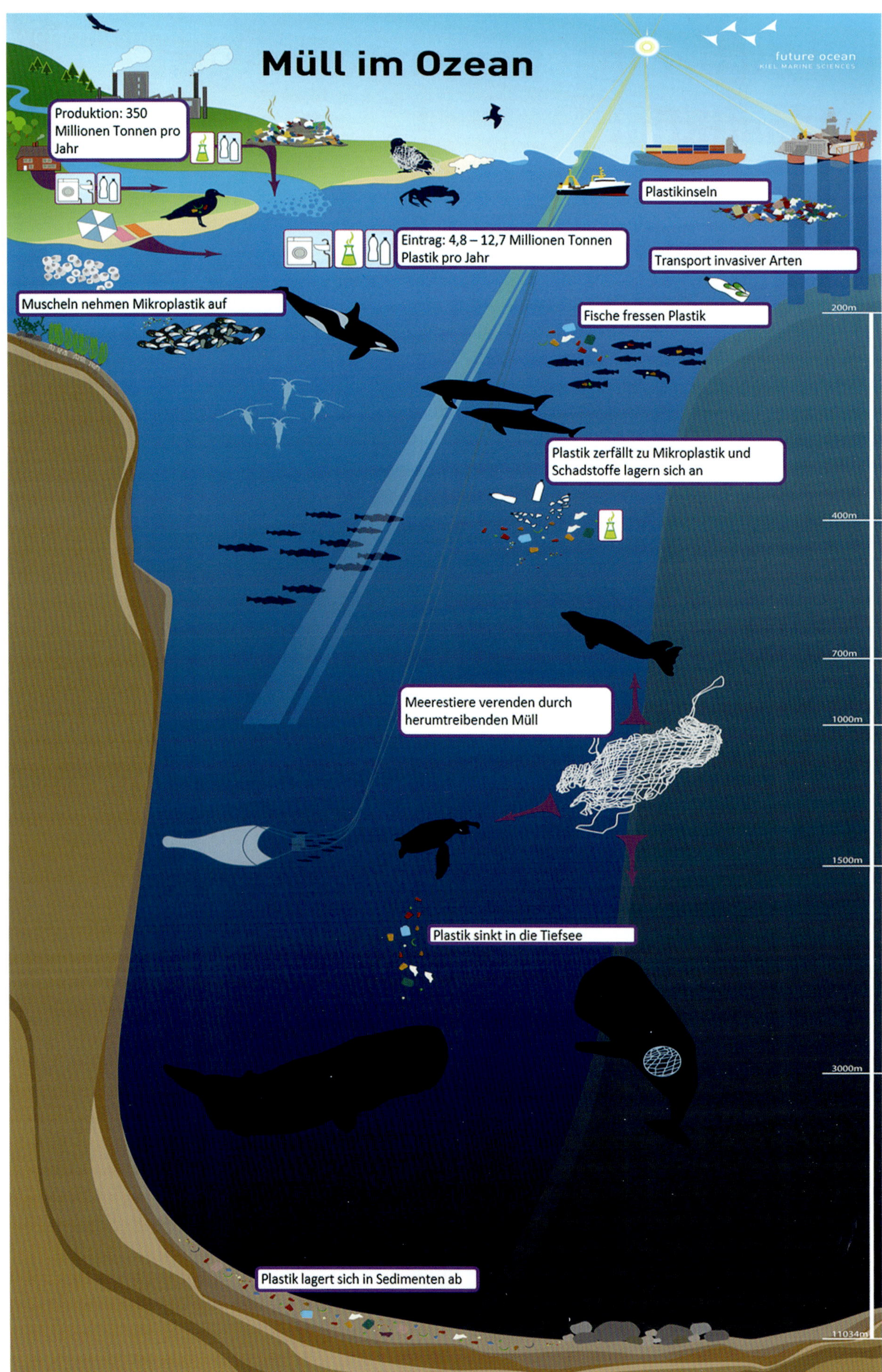

Abb. 2: Müll verteilt sich im Ozean bis in große Tiefen, Kiel Marine Science

Was können wir tun? - Lösungsansätze gegen die Plastikflut

Dass Plastik in großen Mengen in den Ozean gelangt, darüber ist sich die Wissenschaft einig. Um aber das Problem zu lösen und z.B. geeignete Alternativen für Gegenstände aus Plastik zu finden, muss man zunächst klären, welche Produkte einen Großteil des Problems ausmachen. Dazu wird in wissenschaftlichen Untersuchungen weltweit Müll an Stränden und Flüssen gesammelt, sortiert und gezählt. Mit dem Wissen über die Strand- und Flussverschmutzung ist es dann möglich, die größten Müllverursacher aufzudecken und Maßnahmen dagegen zu entwickeln.

Immer mehr Menschen werden gerade auf das Problem des Plastikmülls im Ozean aufmerksam und suchen nach Lösungsansätzen. Vor allem die Einwegprodukte aus Plastik stehen dabei im Fokus und sollen durch Alternativen ersetzt werden. Wissenschaftlerinnen und Wissenschaftler suchen nach Ersatzstoffen für langlebige Kunststoffe, Unternehmen entwickeln Mehrwegprodukte für Lebensmittelverpackungen. Aber auch die Politik ist aktiv geworden und hat ein EU-weites Verbot von 10 Einwegplastikprodukten erlassen. So sind seit 2021 z.B. Einwegbesteck, Wattestäbchen, Strohhalme und Rührstäbchen in der EU verboten. Ebenso wichtig ist aber auch das Verhalten jeder Einzelnen und jedes Einzelnen. Bürgerinnen und Bürger haben durch ihr Engagement bis heute vieles bewegt und ein Umdenken in der Gesellschaft eingeleitet.

Lösungsansatz 1: Wissenschaftliche Untersuchung zum Meeresmüll

Müll gelangt in Deutschland vor allem über die Strände und die Flüsse ins Meer. Möchte man untersuchen, wo Müll eingetragen wird und wieviel, kann man eine wissenschaftliche Untersuchung dazu durchführen. Hierbei ist es wichtig, möglichst viele Probenorte genau zu untersuchen, um so ein genaues Bild zu bekommen. Ebenfalls wichtig ist dabei, dass die Untersuchungsmethode an allen Probenorten gleich umgesetzt wird. Ansonsten lassen sich die gesammelten Daten nicht miteinander vergleichen.

MATERIAL

- viele Eimer
- Plane ca. 5 x 2 m
- Klebeband
- Filzstift
- Maßband
- Müllsäcke

DURCHFÜHRUNG

1. Sucht euch an einem Strand oder einem Flussabschnitt einen Ort, um eine „Müll-Sortierstation“ aufzubauen an der der gefundene Müll sortiert, gezählt und dokumentiert wird. Ihr könnt euch auch vorab auf Online-Karten über euren Abschnitt informieren. Schreibt die

Abb. 3 und 4: Exemplarischer Aufbau einer Müll-Sortierstation (aus dem Plastikpiraten Aktionsmaterial, https://bmbf-plastik.de/de/plastikpiraten; links) und Sortierstation während der Durchführung des International Coastal Cleanups in Kiel; rechts).

Kategorien aus Tabelle 1 auf ein Stück Klebeband und klebt es auf die Plane. Stellt Eimer für Müllkategorien auf, die leicht weggeweht werden können.

2. Messt eine Linie von 20 m quer zur Uferkante ab und stellt euch gleichmäßig verteilt an dieser Linie auf. Nehmt euch Eimer und geht den Strand ab. Versucht, den gleichen Abstand zueinander zu halten.

3. Sammelt nun den Müll, den ihr findet, ein. Seid vorsichtig bei spitzen oder scharfen Gegenständen und Hygieneartikeln, verwendet dafür immer Arbeitshandschuhe! Sandige Müllteile sollten einmal ausgeschlagen werden. Geht nach 30 Minuten zurück zur Sortierstation.

4. Sortiert euren gefundenen Müll den Kategorien auf der Plane zu.

5. Ist der gesamte Müll sortiert, werden die einzelnen Müllhaufen ausgezählt. Notiert eure Werte in der Tabelle. Falls kein Müll in einer Kategorie gefunden wurde, tragt ihr eine Null ein.

6. Messt nun aus, wie lang die Strand- oder Uferstrecke war, die ihr abgeschritten seid. Verwendet dazu das Maßband.

7. Berechnet jetzt die Gesamtanzahl des Mülls und wieviel Prozent jede Kategorie ausmacht.

8. Ermittelt anschließend den prozentualen Anteil an Einwegplastik. Verwendet dazu die folgende Formel:

$$\text{Anteil an Einwegplastik in \%} = \left(\frac{\text{Gesamtanzahl Einwegplastik}}{\text{Gesamtanzahl aller Müllobjekte, inklusive Einwegplastik}} \right) \cdot 100$$

AUSWERTUNG

Müll	Anzahl
Plastik	
Plastiktüten	
Plastikflaschen für Getränke	
Plastikdeckel von Getränkeflaschen	
Plastikbecher z.B. Coffee-to-go-Becher, auch deren Deckel	
Plastikteller	
Plastikbesteck (auch Kaffeerührer und Pommesgabeln) und Plastikstrohhalme	
Plastikverpackungen von Süßigkeiten, Chips, Keksen u.a.	
Fast food bzw. Take away-Verpackungen	
Luftballons	
Haltestäbe und Plastikkappen für Luftballons	
Wattestäbchen mit Plastikstiel („Q-tips")	
Feuchttücher, Tampons, Binden	
Einwegplastik Gesamtanzahl	
Andere Objekte aus Plastik	
Metall	
Getränkedosen aus Metall	
Kronkorken	
Andere Objekte aus Metall	
Glas	
Glasflaschen für Getränke	
Scherben	
Andere Objekte aus Glas	
Anderer Müll	
Zigarettenstummel	
Papier	
Essensreste	
Andere Müllobjekte (nicht identifizierbar oder aus verschiedenen Materialien)	
Gesamtanzahl (inklusive Einwegplastik)	
Anteil Einwegplastik (in Prozent)	%

Abb. 5: Primäres Mikroplastik am Strand.

AUFGABEN

1. In der Tabelle könnt ihr nun ablesen, welcher Müll an eurem Strand- oder Flussabschnitt am häufigsten auftritt. Sammelt Ideen, wie man diesen Müll verhindern könnte. Vielleicht helfen die R-Strategien weiter.

____

____

2. Informiert euch über das in 2021 in Kraft getretene, EU-weite Verbot von Plastikprodukten. Bewertet, wie sich eure Ergebnisse dadurch verändern würden.

____

____

Lösungsansatz 2: Biokunststoffe – eine Alternative mit Potential?

Herkömmliche Kunststoffe (z.B. PET, PVC, Styropor) bestehen vor allem aus langkettigen Kohlenwasserstoffen: Aufgereihte Kohlenstoffatome, die mit Wasserstoffatomen gesättigt sind. Kunststoffe bestehen in der Regel aus Erdöl, das als endliche Ressource gilt. Herkömmliche Kunststoffe sind aufgrund ihrer molekularen Struktur extrem beständig und nur bedingt abbaubar. Eine mögliche Alternative stellen Biokunststoffe dar. Sie werden aus nachwachsenden Rohstoffen wie Mais und Stärke synthetisiert und einige werden innerhalb von wenigen Wochen abgebaut. Großes Potential wird Rohstoffen wie Alginat oder Agar zugesprochen, das aus Meeresalgen gewonnen werden kann.

Versuch : „Plastikflaschen“ aus Braunalgen

MATERIAL

- Erlenmeyerkolben (250 ml)
- Uhrglas
- Glasstab
- 2 Kristallisierschalen
- Shot-Dosierer/Schnapsglas/Eierbecher
- Waage
- Stabmixer
- Spatel
- Becherglas
- Messbecher

Chemikalien

- Natriumalginat
- Calciumchlorid
- Wasser
- Lebensmittelfarbe

Abb. 6 und 7: Beim Londoner Marathon in 2019 wurden Getränkeblasen aus Meeresalgen verteilt, um Plastikbecher einzusparen. (Quelle: https://www.dezeen.com/2019/04/29/london-marathon-ooho-edible-drinks-capsules-seaweed/ Stand: 09.07.2020)

DURCHFÜHRUNG

1. Wiegt 2 g Natriumalginat in einem Messbecher ab und löst es in 200 ml Wasser mithilfe des Stabmixers für ca. 2-3 Minuten. Gebt ein paar Tropen Lebensmittelfarbe hinzu.

2. Lasst das Gemisch ca. 10 Minuten stehen, bis die Gase entwichen sind.

3. Wiegt nun 7 g Calciumchlorid auf dem Uhrglas ab und löst es in 2 L Wasser in der Kristallisierschale.

4. Füllt nun die Alginatlösung in den Dosierer und taucht diesen rasch in die Calciumchlorid-Lösung. Haltet den Dosierer für 15 Sekunden unter Wasser. Anschließend wird der Dosierer vorsichtig aus dem Wasserbad entfernt, ohne dabei die Alginat-Kugel aus dem Wasser zu holen.

AUSWERTUNG

1. Bewertet die fertigen Produkte in Form, Material und Beständigkeit (Wasserlöslichkeit, Reißfestigkeit) im Vergleich zu herkömmlichen Kunststoffprodukten.

2. Es gibt bereits eine große Anzahl an Produkten aus Biokunststoffen auf dem Markt. Findet Produkte in eurem Alltag, die aus Biokunststoffen bestehen. Informiert euch über die Bedeutung der folgenden Logos:

3. Recherchiert Vor- und Nachteile von Biokunststoffen und listet sie in einer Tabelle auf. Bewertet mithilfe dieser Argumente den Einsatz von Meeresalgen als Ausgangsstoff für Biokunststoffe.

Lösungsansatz 3: Die Stärke der Gemeinschaft

Jede und jeder von uns kann etwas tun. Was einem selbst als unbedeutend und nicht effektiv erscheint, kann eine enorme Wirkung entwickeln, wenn sich viele daran beteiligen. So zeigt sich, dass ein Umdenken in der Gesellschaft stattfindet. Immer mehr Menschen hinterfragen ihr Verhalten und reduzieren ihren Plastikkonsum. Auf diese Strömung reagieren auch die Industrie und die Politik und verändern Produktionslinien oder führen Verbote ein. Einwegplastikgeschirr wird heute seltener verwendet oder ist bereits verboten, immer mehr Cafés und Bäckereien schenken Kaffee in Mehrwegbechern aus und Obst wird zunehmend weniger in Plastik verpackt. Auch hier kann man persönlich aktiv werden und Einfluss nehmen auf politische oder wirtschaftliche Prozesse, indem man z.B. Plastikverpackungen ablehnt, Emails an Unternehmen schreibt oder sie über die social media-Kanäle kontaktiert. Es bewegt sich etwas. Ob wir aber auf dem Weg in eine plastikreduzierte Zukunft sind, wird man erst in ein paar Jahren beurteilen können. Wichtig ist: Wir haben es in der Hand!

AUFGABE

Die drei Rs gegen Plastikmüll
Jede und jeder von uns kann etwas tun mit den drei Rs gegen Müll:

REDUCE (Reduzieren)

Zuerst sollte Müll reduziert werden (z.B. Taschen mit zum Einkauf im Supermarkt oder beim Bäcker nehmen, Mehrwegprodukte sind hier immer besser als Einwegprodukte, ganz gleich, aus welchem Material diese bestehen!).

REUSE (Wiederbenutzen)

Sobald Müll anfällt, sollte dieser möglichst lange wiederbenutzt oder in anderweitiger Form verwendet werden (z.B. Marmeladengläser als Gewürzgläser oder zum Einkauf in Unverpackt-Läden nutzen).

RECYCLE

Müssen wir doch Plastik wegschmeißen, sollte der Müll sortiert und ordnungsgemäß entsorgt werden. Dadurch können die wertvollen Rohstoffe wieder aufbereitet und für neue Produkte verwendet werden. Seit einigen Jahren entstehen immer mehr kreative Ideen, um verschiedene Müllsorten wieder aufzuwerten und neue Produkte zu designen. Man spricht dann von Upcycling.

1. Diese drei „R-Strategien“ gelten als grundlegend, wenn es darum geht, das Problem des wachsenden Müllbergs und damit auch des Meeresmülls zu verändern. Es gibt neben diesen drei Strategien noch andere „R-Strategien“. Recherchiert, welche das sind und findet Beispiele dafür.

Abb. 8: Upcycling von Plastikflaschen.

---

2. Sucht euch eine „R-Strategie“ aus der Liste aus und entwickelt dazu ein Konzept, das ihr gemeinsam in eurer Klasse umsetzen könnt. Präsentiert euer Konzept in der Klasse.

   Gibt es z.B. viel Altpapier, das ohne Probleme als Notizzettel verwendet und upgecycelt werden kann? Oder landet bei euch viel Verpackungsmüll im Abfalleimer, der reduziert werden könnte? Diese Beispiele lassen sich leicht in der Klassengemeinschaft diskutieren und verändern. Wichtig hierbei ist, dass nicht Einzelne beschuldigt werden, sondern gemeinsam lösungsorientiert gearbeitet wird.

Mikroplastik im Ozean – wir können etwas verändern

Als Mikroplastik wird Plastik bezeichnet, das kleiner als 5 mm ist. Mikroplastik entsteht z.B. als Abrieb von Autoreifen auf der Straße, beim Waschen von Kleidungsstücken aus Kunststofffasern oder beim Zerfall von größerem Plastikmüll im Ozean. Mikroplastik, das durch den Zerfall großer Plastikteile entsteht, wird **sekundäres Mikroplastik** genannt. **Primäres Mikroplastik** wird in der Industrie als Rohstoff hergestellt. Aus diesen sogenannten Pellets können Plastikteile durch Einschmelzen und Umformen produziert werden.

Primäres Mikroplastik wurde viele Jahre auch als Zusatzstoff in Kosmetikprodukten verwendet. In Duschgels und Shampoos wurde es als Füllstoff und in Peelings und Zahnpasta als Schleifmittel eingesetzt. Während der Anteil an Mikroplastik in Duschgels, Shampoos und Peelings bereits deutlich reduziert wurde, ist Mikroplastik in Zahnpasta bereits seit einigen Jahren gar nicht mehr zu finden. Dies ist ein besonders erfreuliches Beispiel, denn der Druck der Öffentlichkeit, also das Starkmachen vieler Bürgerinnen und Bürger, hat zu einem Wandel in der Industrie geführt.

AUFGABE

Das Mülltagebuch

In Europa verbraucht eine Person in einem Jahr durchschnittlich mehr als 100 Kilogramm Plastik. Dieser weltweit gestiegene Verbrauch von Plastikmaterialien hat zu einem massiven Müllaufkommen geführt. Überprüft, wie viel Plastik ihr jeden Tag benutzt und wegwerft.

1. Führt eine Woche lang ein Mülltagebuch und notiert für jeden Tag, welche Plastikmüllteile in eurem Müll gelandet sind.

2. Vergleicht eure Ergebnisse in der Klasse und berechnet den Mittelwert für eure Klasse.

3. Versucht nun alle eine Woche so wenig Plastikmüll wie möglich zu verursachen und füllt die Tabelle aus.

4. Vergleicht die Ergebnisse erneut, berechnet den Mittelwert und diskutiert, was euch schwer gefallen ist und was ganz einfach war.

5. Interviewt eure Großeltern oder andere ältere Menschen, wieviel Müll zuhause angefallen ist und wie sie mit Müll umgegangen sind, als sie in eurem Alter waren. Wie waren Lebensmittel damals verpackt? Und wie hat man sie transportiert? Und könnte man sich davon wieder etwas abschauen?

Wochentag	Anzahl Plastikmüll Woche 1	Art des Mülls Woche 1	Anzahl Plastikmüll Woche 2	Art des Mülls Woche 2
Montag				
Dienstag				
Mittwoch				
Donnerstag				
Freitag				
Samstag				
Sonntag				
Summe Artikel				

BEISPIEL

Montag	4	PET-Flasche, Zahnpastatube, Käseverpackung, Schokoriegelverpackung	2	Nudelverpackung, Strohhalm

Einblick in die Forschung

Dr. Tim Kiessling

Dr. Tim Kiessling ist Meeresbiologe und promovierte an der Christian-Albrechts-Universität Kiel (CAU) über die Daten der **„Plastikpiraten"**, einem Citizen Science Projekt, bei dem Kinder und Jugendliche die Müllverschmutzung von Flüssen untersuchen.

Die Forschungsfragen dabei sind: Wieviel Plastikmüll finden wir an und in Flüssen? Wo findet sich Mikroplastik? Und am wichtigsten: Woher stammt der Müll am Flussufer und wie könnte man diese Quellen abschalten? Die von den Kindern und Jugendlichen in den Aktionszeiträumen erfassten Daten laufen in der Kieler Forschungswerkstatt zusammen. Tim Kiessling überprüft und analysiert die Daten und veröffentlicht anschließend die Ergebnisse.

Abb. 9: Schülerinnen und Schüler bei der Mikroplastik-Probennahme. Quelle: https://www.wissenschaftsjahr.de/2016-17/weiterfuehrende-informationen/presse-downloads/mediathek/jugendaktion-in-dueren.html

Forschung zum Thema Plastikmüll

Tim Kiessling ist Meereswissenschaftler und erforscht die Verschmutzung des Ozeans und der Flüsse durch Plastikmüll. Das besondere an seiner Forschung ist, dass er nicht alleine oder mit einigen Kollegen und Kolleginnen forscht, sondern gemeinsam mit tausenden von Schülerinnen und Schülern. Dies nennt man Citizen Science oder auf Deutsch Bürgerwissenschaften. Im Rahmen des Citizen Science Projekts „Plastikpiraten - Das Meer beginnt hier" erforschen Schülerinnen und Schüler, wieviel Mikro- und Makroplastik in Deutschland über die Flüsse ins Meer gelangen. Sie erheben Daten und werten diese zum Teil auch mit aus.

Das besondere an Citizen Science Projekten ist, dass ein riesige Menge an Daten erhoben werden kann, für die Tim Kiessling mit einzelnen Kolleginnen und Kollegen Jahre benötigen würde. Die teilnehmenden Schülerinnen und Schüler sind Teil einer wissenschaftlichen Studie und erfahren hautnah, wie dies funktioniert. Auf der Seite www.buergerschaffenwissen.de könnt ihr spannende Citizen Science Projekte finden, an denen ihr euch mit eurer Klasse oder auch alleine beteiligen könnt.

Abb. 10: Mitarbeitende des ozean:labors der Kieler Forschungswerkstatt haben das Projekt Plastikpiraten ins Leben gerufen.

Invasive Arten und ihre Auswirkungen

Abb. 1: Die Chinesische Wollhandkrabbe (Eriocheir sinensis) verbreitet sich in Nord- und Ostsee. Vermutlich wurde sie durch Ballastwasser eingeschleppt.

Als invasiv wird eine gebietsfremde Art, welche sich etabliert hat und unerwünschte Auswirkungen mit sich bringt, definiert. Durch die fortschreitende Globalisierung nimmt die Anzahl der verschleppten Arten weltweit zu. Einen großen Anteil daran hat z.B. die Schifffahrt. Containerschiffe nutzen Ballastwasser zur Stabilisierung. Wird dieses Wasser im Zielhafen entlassen, so können bis zu 10.000 gebietsfremde Arten in ein Ökosystem gelangen.

Einmal in das neue Ökosystem verschleppt, können invasive Arten hier zu einem Problem mit großer Tragweite kommen. So kann es durch Konkurrenz um Lebensraum und Ressourcen zum Verdrängen von einheimischen Arten kommen. Auch als Fressfeind einer heimischen Art kann die Stabilität in einem heimischen Nahrungsnetz ins Wanken gebracht werden. Kommt es zur Fortpflanzung zwischen invasiven und heimischen Arten, wird das Erbgut durchmischt wodurch die ursprüngliche Art bedroht ist oder sogar ausstirbt.

Invasive Arten können jedoch auch vom Menschen gewollt sein, dies ist bei einigen Zier- und Nutzpflanzen der Fall. Wenige wissen, dass Tomaten, Paprika, Mais und sogar Kartoffeln ursprünglich aus Südamerika stammen und vor langer Zeit nach Europa importiert wurden. Der größte Teil der invasiven Arten stellt keine Probleme dar und es müssen keine Gegenmaßnahmen ergriffen werden. Von allen invasiven Arten werden ca. 10% der neu etablierten Arten zu einem Problem.

Neobiota in Nord- und Ostsee

Die derzeit bekanntesten Neobiota der Nord- und Ostsee sind die Pazifische Auster *(Crassostrea gigas)*, der Japanische Beerentang *(Sargassum muticum)*, die Rippenqualle Meerwalnuss *(Mnemiopsis leidyi)* sowie die Chinesische Wollhandkrabbe *(Eriocheir sinensis)*.

Die Wollhandkrabbe wurde 1912 zum ersten Mal in Deutschland gefunden. Sie gelangte durch Ballastwasser in Containerschiffen nach Europa und zählt dort inzwischen zu den 100 invasivsten Arten der Welt. Sie fällt auf durch ihr aggressives Verhalten, indem sie durch Graben mit ihren Scheren Uferböschungen zerstört. In ihrer heimischen Verbreitung ist dieses Problem selten vertreten, da dort weniger Individuen vorhanden sind.

Laut den Fischern in Schleswig-Holstein tritt sie mit Schwankungen auf. In einigen Jahren sieht man nur einzelne Individuen und dann kommen wieder Jahre, in denen sehr viele Wollhandkrabben auftreten. Nur in diesen Jahren scheinen sie ein Problem darzustellen.

Neben der chinesischen gibt es noch eine japanische Wollhandkrabbe. Beide sehen sich sehr ähnlich und wurden daher in der Vergangenheit häufig als eine Art angesehen. Daher blieb die Invasion der japanischen Wollhandkrabbe nach Europa mindestens ein Jahrzehnt lang unbemerkt. Die ersten Individuen der japanischen Wollhandkrabbe, welche in Europa eintrafen, wurden zwischen 2009 und 2015 in den Niederlanden, Polen und Deutschland gefunden.

AUFGABE

1. Recherchiert im Internet, welche unterschiedlichen Gefahren von invasiven Arten in der Ost- und Nordsee ausgehen.

Mnemiopsis leidyi:

___

___

___

Crassostrea gigas:

___

___

___

Sargassum muticum:

___

___

___

Morphologische Bestimmung

Werden gebietsfremde Organismen in einem Ökosystem entdeckt, wird zunächst die Art des Individuums bestimmt. Taxonomen können anhand von Körpermerkmalen Individuen einer Art zuordnen. Laut des morphologischen Artkonzeptes gehören Individuen, die in ihren morphologischen Merkmalen übereinstimmen, zu einer Art.

Aufgrund von Mutationen und von Kreuzungen zwischen nah verwandten Arten oder Unterarten kann es zur Aufspaltung von Merkmalen kommen. Ebenso können Umwelteinflüsse bestimmte Modifikationen begünstigen, so dass die Bestimmung einer Art nicht mehr eindeutig ist.

AUFGABE

1. Ladet die App BalticExplorer runter.

2. Bestimmt mit Hilfe des BalticExplorers, um welche beiden Arten es sich bei den Strandfunden handelt. Tragt die Namen unter die Abbildungen ein.

3. Vergleicht die Krabbenpanzer miteinander und tragt die Merkmale zu den Panzern in die unten aufgeführte Tabelle ein.

Strandfunde:

Strandfund 1: ________ Strandfund 2: ________

Morphologische Beschreibung:

Merkmale	Krabbe 1	Krabbe 2
Panzerform		
Anzahl der Noppen auf dem Panzer zwischen den Augen		
Form der seitlichen Zacken am Panzer		
Zackenform des Panzers zwischen den Augen		

Nicht immer lassen sich Individuen so einfach einer Art zuordnen wie bei diesen beiden Strandfunden. Aktuelle Funde der Chinesischen Wollhandkrabbe (A) lassen sich morphologisch kaum noch von Funden der Japanischen Wollhandkrabbe (B) unterscheiden.

AUFGABE

1. Wie kann ohne morphologische Merkmale herausgefunden werden, ob Individuen zu einer Art gehören oder nicht?

____

____

____

Genetische Analysen

Da man bei der Einordnung in verschiedene Arten aufgrund von morphologischen Merkmalen mitunter an seine Grenzen kommt, wird heute in der Forschung die DNA der Organismen miteinander verglichen. Die DNA ist der Träger unseres Erbguts. Alle Merkmale, die Individuen ausmachen, ob es sich dabei um ein Wirbeltier handelt oder um ein Tier mit einem Panzer, oder ob das Tier drei Beinpaare besitzt, alle diese Informationen sind in den Genen auf der DNA gespeichert.

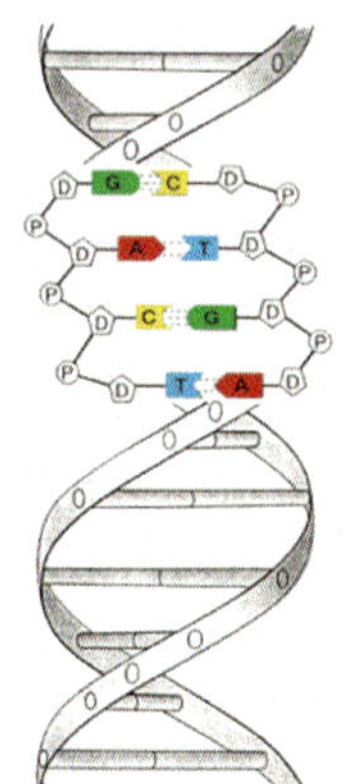

Abb. 2: Modell der DNA.

Die DNA ist ein Makromolekül, das aus drei Molekülgruppen aufgebaut ist: aus Zucker, Phosphat und Basen. Zusammen bilden sie ein Nucleotid, den Grundbaustein der DNA. Es gibt vier verschiedene Basen (A,C,G,T), die sich in unterschiedlicher Abfolge immer wieder wiederholen. Sie bilden eine Basensequenz, den genetischen Code, der die Erbinformation speichert. Vergleicht man bestimmte Bereiche der Basensequenz verschiedener Individuen miteinander, so können diese voneinander abweichen. Sind große Unterschiede dabei sichtbar, wird es sich um Individuen unterschiedlicher Arten handeln. Sind die Unterschiede gering, liegt es nahe, dass die Individuen zu einer Art gehören.

Um die Basensequenz von Individiuen miteinander vergleichen zu können, muss die DNA zunächst aus den Zellkernen isoliert werden.

GGGCAGCCAGGAACTTTAATCGGTAACGACCAAATTTATAACGTTGTTGTAACTGCTCATGCTTTT

Abbildung 3: Basensequenz eines DNA-Strangs.

Versuch: DNA- Extraktion aus Krebsfleisch

MATERIAL

- ca. 1g Krebsfleisch (tiefgefroren aus dem Supermarkt)
- Laborwaage
- Natriumchlorid (Speisesalz)
- 2 Tropfen Spülmittel
- Erlenmeyerkolben
- Flüssigtrichter mit Faltenfilter
- Ethanol (kalt)
- Reagenzglas
- Reagenzglasständer
- Reibschale mit Pistill
- Pipette

DURCHFÜHRUNG

1. Zerkleinert das Krebsfleisch mit einem Messer.
2. Vermengt in der Reibeschale das zerschnittene Fleisch mit 2 Tropfen Spülmittel und einer Prise Salz. Gebt anschließend 50 ml Wasser hinzu und rührt das Gemisch um.
3. Lasst das Gemisch für 3 Minuten stehen und rührt es zwischendurch um.
4. Gebt das Gemisch in den Filter und spült die Reste in der Reibeschale mit zusätzlichem Wasser in den Filter.
5. Füllt die Lösung etwa 2 Finger breit in ein Reagenzglas.
6. Tropft mit einer Pipette vorsichtig den Alkohol über das Filtrat (am besten am Glasrand langsam runterlaufen lassen).
7. An der Grenzschicht fällt die DNA aus und ist als trübe Substanz sichtbar.

Analyse: Sequenzen auswerten

Mithilfe einer Sanger-Analyse können die Basensequenzen in den Proben Base für Base bestimmt werden. Dafür wird nicht die gesamte DNA entschlüsselt, sondern nur kurze Fragmente des Makromoleküls. Diese Abfolgen können dann auf Abweichungen, sogenannte Mutationen, untersucht werden. Aufgrund von Mutationen kommt es zum Austausch von Basen. Dadurch können Merkmale verändert werden. Auf einer Plattform können Sequenzen der eigenen Funde mit Sequenzen anderer Arten verglichen werden.

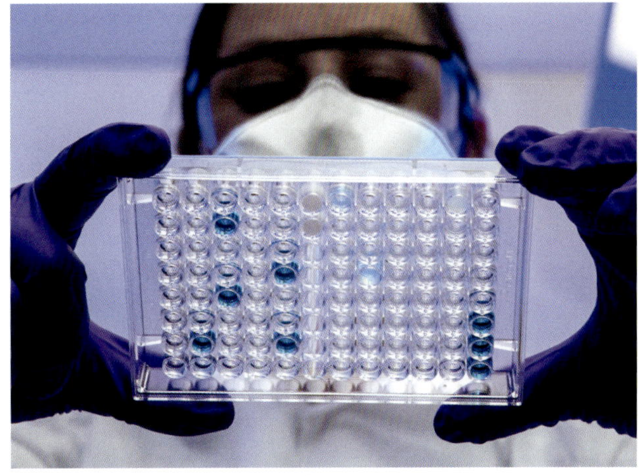

Abb. 4: Photo by CDC on Unsplash.

AUFGABE

1. Vergleicht die Basensequenzen der Krebsfunde miteinander, indem ihr die Anzahl der Mutationen (ausgetauschten Basen) zählt. Tragt eure Ergebnisse in die Tabelle ein.

2. Begründet, ob es sich bei Strandfund 1 um die japanische oder die chinesische Wollhandkrabbe handelt.

3. Aus den Sequenzen lässt sich nun ein Stammbaum erstellen, der die Verwandtschaftsverhältnisse genauer veranschaulicht. Tragt die Namen der richtigen Krabbe in den Stammbaum ein.

4. Begründet mithilfe des Stammbaums, welche der Aussagen zutreffen: (a) Chinesische Wollhandkrabben und Strandkrabben haben einen gemeinsamen Vorfahren. (b) Chinesische Wollhandkrabben und Japanische Wollhandkrabben sind mit den Strandkrabben gleich nah verwandt. (c) Japanische Wollhandkrabben sind die engsten Verwandten der Strandkrabben.

Ausschnitt der Basensequenzen:

Japanische Wollhandkrabbe
Chinesische Wollhandkrabbe
Strandkrabbe
Strandfund

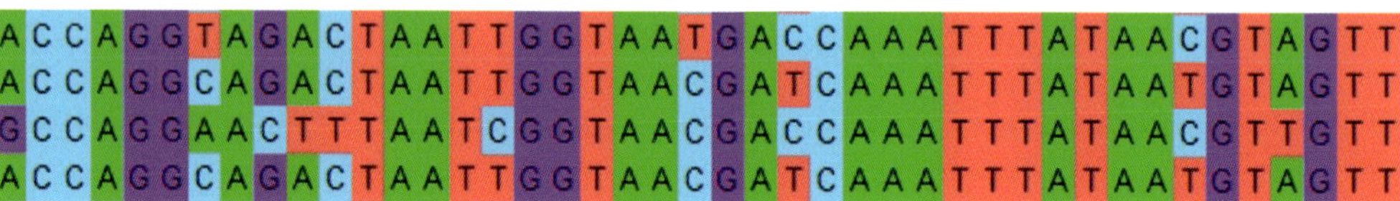

AUSWERTUNG

	Strandfund	Strandkrabbe	Japanische Wollhandkrabbe	Chinesische Wollhandkrabbe
Strandfund	X			
Strandkrabbe		X		
Japanische Wollhandkrabbe			X	
Chinesische Wollhandkrabbe				X

Tabelle: Stammbaum der Krebse

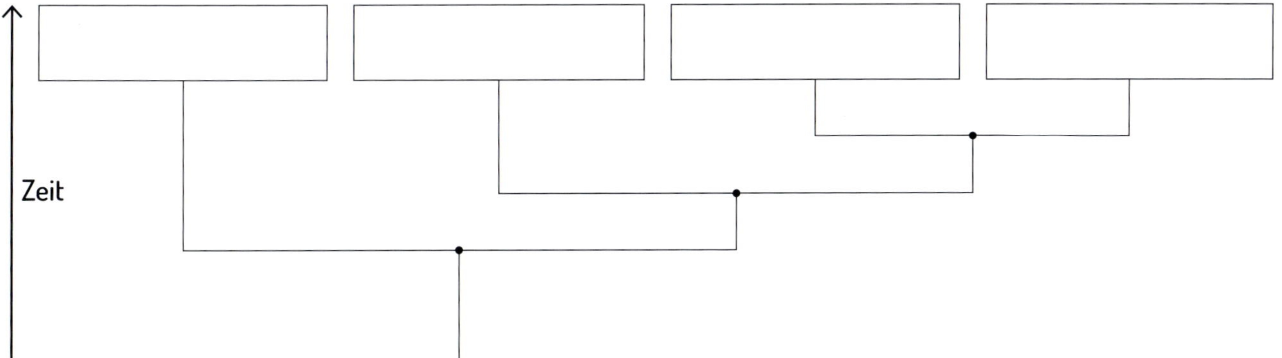

Mögliche Lösungsansätze

Nur 10% aller eingeschleppten Arten rufen Probleme hervor. Diese können jedoch verheerende Auswirkungen haben. Zur Überprüfung und Bewertung des Gefahrenpotentials ist eine wissenschaftliche Untersuchung bezüglich der Verbreitung eine wichtige Voraussetzung.

Daneben gibt es verschiedene Möglichkeiten die Probleme einer invasiven Art anzugehen:

1. Vorsorge

- Bewusster Umgang mit gebietsfremden Arten
- Einheimische Arten bevorzugen (Landwirtschaft)

2. Monitoring, Früherkennung und Sofortmaßnahmen

Frühzeitige Erkennung von invasiven Arten durch z.B. Wissenschaftlerinnen oder Wissenschaftler

3. Akzeptanz, Kontrolle und Beseitigung

- Nur begründete Einzelfälle bekämpfen (Einzelfallentscheidung)

Eutrophierung der Ostsee – Wissenschaftliche Daten geben Auskunft über den Zustand der Meere

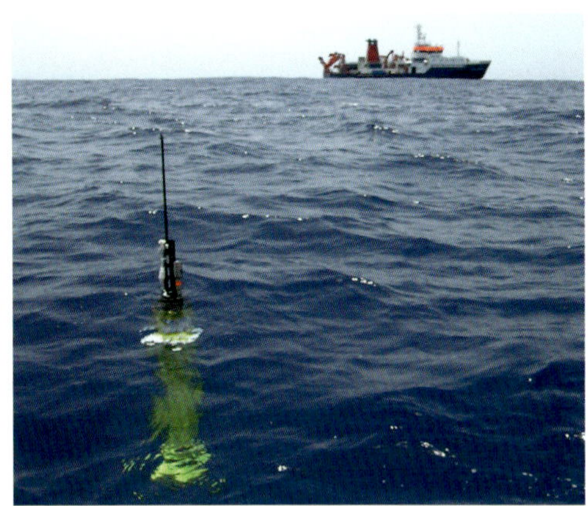
Abb. 1: Mithilfe von Argo floats können Messdaten wie die Wassertemperatur oder der Salinität auf der ganzen Welt erhoben werden. Diese wissenschaftlichen Daten werden direkt auf das Handy oder den Computer der Forschenden übertragen.

Meerwasser enthält viele verschiedene **gelöste Salze**. Einige davon sind lebensnotwendig für Pflanzen und Tiere, nur mit ihnen können sie wachsen und sich vermehren. Für den Aufbau von DNA oder von wichtigen Proteinen benötigen Pflanzen zum Beispiel **Phosphor** und **Stickstoff**, die sie in Form von Nährsalzen aus dem Meerwasser aufnehmen. Kommt es jedoch zu einem starken Eintrag dieser **Nährsalze** ins Meerwasser, können sich die Pflanzen übermäßig stark vermehren. Tiere profitieren von dem großen Nahrungsangebot und die Populationen vergrößern sich ebenfalls. Sterben die vielen Pflanzen und Tiere ab, werden sie von Destruenten (z. B. Würmer und Bakterien) am Meeresboden unter Sauerstoffverbrauch zersetzt. Dadurch kommt es zu einem **Sauerstoffmangel** im Tiefenwasser mit weitreichenden Folgen für die Meereslebewesen.

Um den Zustand der Ostsee zu beobachten und zu bewerten ist es notwendig, möglichst viele Daten kontinuierlich zu erfassen und auszuwerten. Verschiedene meereswissenschaftliche Institute erheben dazu an Messstationen Daten und tauschen diese untereinander aus. Daten werden zum einen über festinstallierte Sonden erhoben oder durch treibende Floats, die die Daten direkt an die Forschenden übermitteln können. Auch bei Forschungsfahrten mit Schiffen werden riesige Datensätze erhoben. Alle diese Daten müssen dann ausgewertet und interpretiert werden.

Abb. 2: Forschende am Computer bei der Auswertung der Daten. Die Auswertung der Daten dauert oftmals mehrere Monate.

AUFGABE 1

Auswertung wissenschaftlicher Daten

Es wurden Daten zur Sauerstoffsättigung des Meerwassers in zwei verschiedenen Tiefen jeweils einmal im Monat erhoben, in 8 m und in 13 m Tiefe.

Parameter:	Sauerstoffsättigung
Ort:	Leuchtturm Kiel
Position:	–
Messzeitraum:	01.01.2019 – 31.12.2019
8 m Tiefe:	Jan 94,1%, Feb 98,7%, Mrz 98,4%, Apr 100,0%, Mai 97,0%, Jun 95,3%, Jul 92,7%, Aug 42,2%, Sep 58,6%, Okt 94,8 %, Nov 95,1%, Dez 99,7%
13 m Tiefe:	Jan 92,0%, Feb 98,1%, Mrz 98,3%, Apr 89,2 %, Mai 91,2%, Jun 61,9%, Jul 77,9%, Aug 62,0%, Sep 0,1%, Okt 51,9%, Nov 47,3%, Dez 90,8%

1. Tragt die Daten in eine Excel-Tabelle ein. Schreibt die Monate in verschiedene Spalten und die Tiefen in verschiedenen Zeilen.

2. Erstellt ein Liniendiagramm, indem ihr die Schritte 1-3 aus Abbildung 2 durchgeht.

3. Berechnet mit Excel den Mittelwerte für beide Tiefen.

4. Beschreibt die Kurvenverläufe. Was fällt euch auf?

____

____

Abb. 3: Anleitung zum Arbeiten mit Excel.

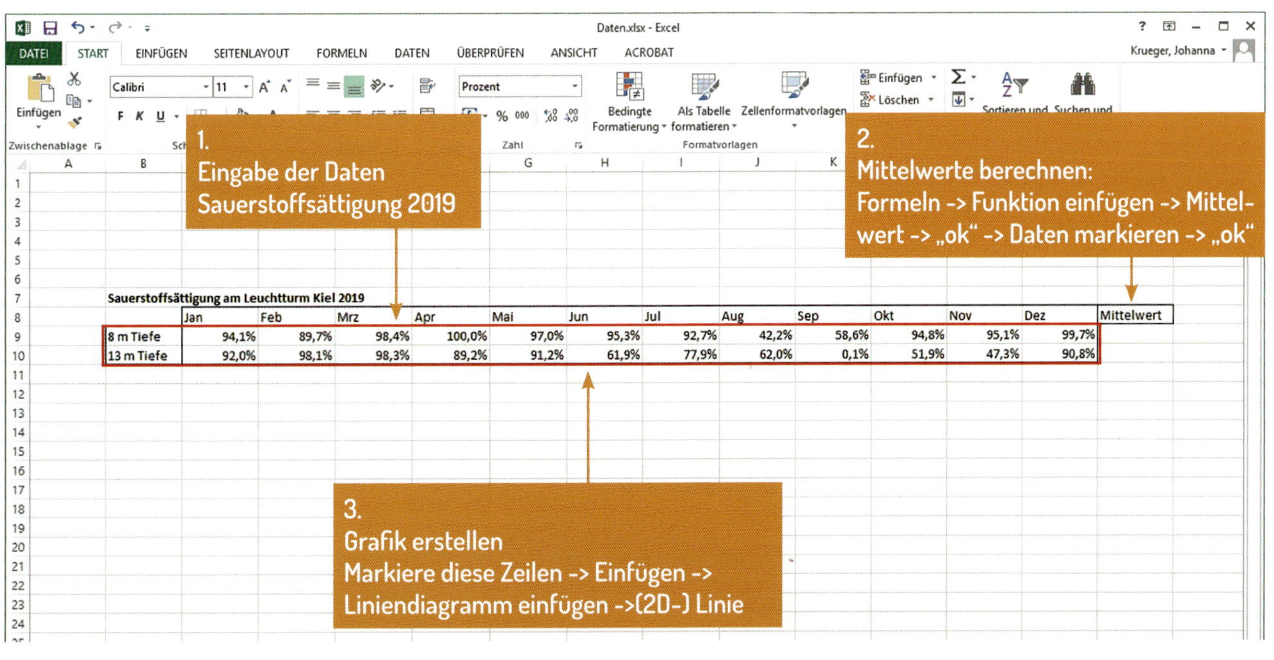

AUFGABE 2

Vergleich wissenschaftlicher Daten
Ihr habt nun einen Überblick über den Verlauf der Sauerstoffsättigung in der Kieler Förde für das Jahr 2019 bekommen. Vergleicht nun diese Werte mit den Folgejahren und bewertet den Trend der Sauerstoffsättigung seit 2019.

Geht dazu wie folgt vor:

1. Öffnet den folgenden Link über den QR-Code
2. Wählt die Messstation „Leuchtturm Kiel" aus und den Parameter „Sauerstoffsättigung (%)".
3. Erweitert nun die Excel-Tabelle, indem ihr unterhalb der Zeile „8 m Tiefe" weitere Zeilen für die Jahre nach 2019 bis heute einfügt (2020, 2021, 2022 usw., je eine Zeile).
4. Fügt unterhalb der Zeile „13 m Tiefe" weitere Zeilen für die Jahre nach 2019 bis heute ein.
5. Entnehmt nun auf der Webseite die wissenschaftlichen Daten der Folgejahre nach 2019. Verändert den Zeitraum so, dass ihr immer einen Monat angezeigt bekommt. Zeigt mit dem Cursor auf die Linien des Diagramms und lest die Daten für den 10. Tag jeden Monats ab (bei ähnlicher Uhrzeit). Tragt den Wert in die entsprechende Spalte in eurer Excel-Tabelle ein.
6. Erstellt ein Liniendiagramm für die Jahre 2019 bis heute für den Bereich „8 m Tiefe" und ein weiteres für die Jahre ab 2019 für „13 m Tiefe".
7. Vergleicht die Kurven für beide Tiefen. Was fällt auf? Lässt sich eine Tendenz erkennen?

____

____

____

____

____

Sauerstoffmangel in der Ostsee
Wie ihr aus den Daten entnehmen konntet, zeigt die Ostsee an einigen Monaten im Jahr einen Sauerstoffmangel, der in manchen Regionen sogar so stark ausfällt, dass Lebewesen der Ostsee unter großem Stress stehen oder sogar sterben.

Um zu erfahren, was man gegen dieses Problem tun kann, muss man zunächst verstehen, wodurch der Sauerstoffmangel verursacht wird.

AUFGABE

1. Erstellt ein Storyboard und stellt damit den Prozess der Eutrophierung dar. Zeichnet dazu zu jedem Textbaustein ein Bild.

Text	Bild
In der Ostsee leben Algen im Oberflächenwasser und betreiben dort Fotosynthese. Sie nehmen Wasser und Kohlenstoffdioxid auf und produzieren mithilfe des Sonnenlichts Sauerstoff und Zucker. Den Sauerstoff geben sie an das Meerwasser ab. Die Pflanzen reichern dadurch das Oberflächenwasser mit Sauerstoff an.	
Viele Tiere wie z.B. Fische ernähren sich von den Pflanzen. Außerdem benötigen sie den Sauerstoff der Pflanzen zum Atmen. Sie selber produzieren Kohlenstoffdioxid, das die Pflanzen wiederum in der Fotosynthese umwandeln.	
Damit Pflanzen wachsen können, benötigen sie Nährsalze, die Stickstoff und Phosphor enthalten. Diese Nährsalze sind im Wasser gelöst und können von Pflanzen aufgenommen und gebunden werden.	
Sterben Pflanzen oder Tiere im Meer, sinken sie zum Meeresboden. Dort werden sie von Destruenten (z.B. Bakterien, Würmer) abgebaut. Die Nährsalze werden dabei wieder frei und ans Meerwasser abgegeben. Die Bakterien arbeiten unter Sauerstoffverbrauch, der lediglich durch Stürme, die das Wasser umwälzen, zum Meeresboden gelangen kann.	

Zusätzliche Nährsalze gelangen z.B. durch Abwässer aus Haushalten und der Industrie ins Meer. Vor allem der regelmäßige Einsatz von Kunstdüngern in der Landwirtschaft sorgt für einen starken Anstieg von Stickstoff- und Phosphorverbindungen im Meer.	
Da Stickstoff- und Phosphorverbindungen nun übermäßig im Meerwasser vorhanden sind, können sich Algen sehr stark vermehren. Durch den Anstieg der Algen vermehren sich auch die Tiere.	
Durch die Vermehrung der Algen und Tiere müssen auch die Destruenten am Meeresboden mehr abgestorbene Algen und Fische abbauen. Dazu benötigen sie größere Mengen an Sauerstoff und es entsteht ein Sauerstoffdefizit.	

2. Erstellt ein/einen kurzes/kurzen Lernvideo/Stopmotion-Film zur Eutrophierung der Ostsee.

- Skizziert Symbole für die folgenden Elemente auf einem weißen Blatt Papier und schneidet sie aus: Algen, Fische, Sauerstoff, Kohlenstoffdioxid, Destruenten, Landwirtschaft, Abwässer, Stickstoff- und Phosphorverbindungen.
- Bestimmt nun einen Sprecher / eine Sprecherin, der/die die Textbausteine vorliest. Ein anderes Gruppenmitglied stellt den vorgelesenen Prozess mithilfe der Symbole dar und eine dritte Person filmt den Vorgang.
- Präsentiert euer Ergebnis in der Klasse.

Anhang

Wie wird man Meereswissenschaftler:in?

Meeresforschung ist spannend. Viele Schülerinnen und Schüler träumen davon, über die Weltmeere zu fahren und zu forschen. Obwohl die Stellen oft begrenzt und hart umkämpft sind, gibt es mehrere Möglichkeiten, dieses Ziel zu erreichen. Kein Karriereweg ist wie der andere, und es gibt keine Zauberformel für den Einstieg in die Meereswissenschaft, aber viele Wege, die man einschlagen kann. Wir wollen Euch inspirieren, Eurer Leidenschaft zu folgen und eine Karriere in den Meereswissenschaften anzustreben. In dieser Zeit des Klimawandels, der Umweltverschmutzung, des Verlusts von Lebensräumen und der biologischen Vielfalt werden qualifizierte Schülerinnen und Schüler, die sich für Naturwissenschaften, Technologie, Biologie, Ingenieurwesen und Mathematik interessieren, benötigt, um einen allgemeinen Wandel zum Besseren zu bewirken. Man kann als Meeresbiologin, Ökologe, Ozeanographin, Geowissenschaftlerin, Tierarzt, Meereschemikerin, Physiker, Klimawissenschaftlerin, Ingenieurin, Unterwasser-Videofilmer, Digitalisierungsexperte, Projektassistent in einem meereswissenschaftlichen Institut, als chemisch-technischer Laborantin uvm arbeiten – und zur See fahren, wenn man möchte. Es gibt tausende von Schülerinnen und Schülern, die am liebsten mit Meeressäugern forschen wollen, aber das Meer bietet noch so viel mehr und es gibt zahlreiche Themen, die relevant sind, da in einem funktionierenden Ökosystem alles miteinander verbunden ist. Selbst die kleinsten und unscheinbarsten Lebewesen im Meer sind wichtig – und auch das wollen wir Euch in diesem Buch vermitteln.

WIE SIEHT DIE TÄGLICHE ARBEIT AUS?

Der Beruf des Meeresforschers erfordert Zeit, Energie und Kreativität. Praktische Arbeit in der freien Natur kann ebenso Teil der Arbeit sein wie die Arbeit am Computer oder akribische Laborarbeit. Die Anforderungen nehmen mittlerweile zu, so sind auch technische Kenntnisse von Vorteil. Man kann an einem Institut oder einer Behörde angestellt sein oder als freier Gutachter arbeiten. Arbeitet man angestellt an einer Universität oder einer meereswissenschaftlichen Einrichtung, muss man die Gelder für die eigenen Projekte häufig selbst einwerben, wenn man promoviert ist, das heißt, wenn man einen Doktortitel erhalten hat. Manche Meereswissenschaftler fahren mit Forschungsschiffen (weltweit) zur See, messen, nehmen Proben, erheben Daten und machen Beobachtungen. Andere stehen im Institut überwiegend im Labor – und wieder andere analysieren Daten, die durch autonome Messgeräte erhoben wurden. Die Bandbreite der Arbeit ist also sehr groß – es kommt darauf an, in welchem Bereich der Meereswissenschaften man sich spezialisiert. Häufig forscht man im Team – und teilt die Ergebnisse mit anderen Forschenden, auf verschiedenen Versammlungen, um Wissen, Projektideen oder Forschungsergebnisse auszutauschen. Auch stellen Forschende ihre Ergebnisse regelmäßig auf internationalen Konferenzen vor, auf denen sich teilweise tausende Wissenschaftler:innen treffen. Die Studienergebnisse werden schriftlich festhalten und mit anderen Wissenschaftlern geteilt, in der Regel in Form einer wissenschaftlichen Veröffentlichung, um ein möglichst großes Publikum zu erreichen. Diese Fachartikel, werden erst durch andere Wissenschaftler:innen überprüft (der sogenannte Reviewprozess) um dann in speziellen Zeitschriften oder im Internet publiziert zu werden.

VORAUSSETZUNGEN, DIE DU SCHON IN DER SCHULE ERWERBEN KANNST

Die meisten Stellen in der Meeresforschung haben einen akademischen Hintergrund. Daher sind gute Noten vor allem in den Naturwissenschaften, Technik und Mathematik wichtig, um an einer Universität zum Studium Deines Interessengebiets zugelassen zu werden. Es ist wichtig, dass Du die englische Sprache beherrschst oder Deine Kenntnisse darin im Laufe der Ausbildung vertiefst, denn wie oben beschrieben, stellen Wissenschaftler:innen ihre Forschungsergebnisse auf internationalen Konferenzen vor oder schreiben Publikationen. Dieser wichtige Austausch findet meist in englischer Sprache statt. Latein als Sprache ist keine Voraussetzung, aber zahlreiche wissenschaftliche Begriffe sind aus Gründen der weltweiten Standardisierung lateinisch. Ein Lateinkurs hilft also, die wissenschaftliche Nomenklatur zu verstehen, ist aber keine Voraussetzung.

WAS KANN ICH WÄHREND DER SCHULZEIT ODER IM ANSCHLUSS MACHEN, UM KONTAKT ZUR MEERESFORSCHUNG ZU BEKOMMEN?

Versuche, einen guten Ort zu finden, an dem Du viel Erfahrung in Deinem Interessengebiet sammeln kannst, und ein Team, das Dir Einblicke in seine tägliche Arbeit gewährt. Freiwilligenarbeit, zum Beispiel in Form eines Praktikums in den Ferien, kann von größter Bedeutung sein, um Wissen und Erfahrung für eine zukünftige Karriere zu sammeln. Auch ist es hilfreich, sich durch die Lektüre von Büchern oder im Internet über die Berufe und die Themen der Meeresforschung zu informieren - und es gibt zahlreiche Webseiten von Instituten, die man besuchen kann (s. QR Code). So kannst du über Themen lesen, die sich mit Deinem Interessensgebiet befassen, z.B. Tauchanpassungen, Akustik, Jäger und Beutetiere, Anpassungen an den Lebensraum Ozean, Stürme, Forschungsschiffe, Mikrobiologie oder die neueste Unterwassertechnologie.

Abb. 1: Die FÖJlerin Lea (rechts) mit Meereswissenschaftlerinnen.

Es gibt viele Tausende von Schülerinnen und Schülern, die gerne in der Meeresforschung arbeiten möchten. Da Du also mit Deiner Leidenschaft nicht allein bist, musst Du dich in irgendeiner Weise von der Masse abheben, um erfolgreich zu sein. Dies kannst Du zum Beispiel erreichen, indem Du bestimmte technische Fertigkeiten erlernst, wie Computerprogrammierung, Reparatur von Geräten oder den Erwerb eines Tauchscheins, eines Bootsführerscheins oder einer Genehmigung zum Fliegen von Drohnen oder ferngesteuerten Flugzeugen. Es ist auch wichtig, sich durch die Lektüre von Fach- und wissenschaftlicher Literatur weiterzubilden. Du kannst über die Meerestiere lesen, die Dich interessieren, aber auch über Dein spezielles Interessensgebiet, z. B. über Meerestiefen, Akustik, Krankheiten, Sozialverhalten, Ernährung, Beutetierarten und Nahrungsverfügbarkeit, Fischerei oder Wale und Robben.

AUSBILDUNG ZUM/ZUR MEERESWISSENSCHAFTLER:IN

Es gibt viele Universitätsprogramme, die auf eine wissenschaftliche Karriere vorbereiten. Aber auch Berufe mit nicht-universitärem Abschluss können zu einer aktiven Karriere in der Meereswissenschaft und -forschung führen. Jedes Institut ist auf Menschen mit praktischem und administrativem Hintergrund angewiesen, wie z. B. Labortechniker, Sekretärinnen, Kommunikationsspezialisten, Manager für Öffentlichkeitsarbeit und Tiertrainer.

WIE WIRD MAN MEERESBIOLOGE?

Meeresbiolog:innen untersuchen Meeresorganismen, das können mikroskopisch kleine Lebewesen wie Planktonarten oder größere Tiere wie Meeressäuger sein. Wenn du diese Organismen untersuchen willst, kannst du sie entweder im Freiland, also im Meer, beobachten, oder du kannst einige Exemplare sammeln und in dein Labor bringen. Im Labor kannst Du eine bestimmte wissenschaftliche Frage stellen, z. B. ob eine bestimmte Art sommerliche Hitzewellen überleben kann, die aufgrund des Klimawandels in Zukunft häufiger auftreten könnten, indem Du einfach die Wassertemperatur erhöhst und so eine Hitzewelle simulierst. Im Feld kannst Du nach Mustern suchen, z. B. ob bestimmte Tierarten in unberührten Gebieten häufiger vorkommen als in stark vom Menschen beeinflussten Gebieten wie Jachthäfen.

Um Meeresbiologin zu werden, musst Du Kenntnisse in einer breiten Palette von Disziplinen erwerben. Dazu gehören vor allem die Fächer Biologie, Chemie, Physik, Geologie und Mathematik. Engagement und gute Noten in der Sekundarschule sind wichtig.

Zunächst benötigst Du wahrscheinlich einen Hochschulabschluss, oft einen „Bachelor of Science" (BSc), in Biologie oder einer anderen Naturwissenschaft. Es gibt verschiedene Studiengänge, z. B. Umweltwissenschaften, marine Geowissenschaften, Bioinformatik usw. Die Dauer des BSc beträgt in der Regel drei oder vier Jahre (sechs bis acht Semester). Nach dem ersten Hochschulabschluss ist es wichtig, ein Fachgebiet von besonderem Interesse zu wählen und seine Kenntnisse zu vertiefen, indem man einen Master-Studiengang oder ein ähnliches Programm aufnimmt, um sich beispielsweise in Meeresbiologie, Meeresumweltwissenschaften oder biologischer Ozeanographie zu

Abb. 2: Studierende auf dem Campus.

Abb. 3: Schnorcheln und Tauchen gehören in der Meeresbiologie häufig dazu.

spezialisieren. In Europa bieten viele Universitäten und Forschungsinstitute ausgezeichnete und vielfältige Master of Science (MSc)-Studiengänge zu einer breiten Palette von Themen an.

Ein MSc-Studiengang dauert in der Regel weitere vier Semester (zwei Jahre) oder in einigen Ländern drei Jahre, wobei das letzte Semester der Masterarbeit gewidmet ist. Dafür wählst Du ein Forschungsthema, das Dich interessiert und auf das Du Dich in Zukunft konzentrieren möchtest.
Nach Abschluss eines MSc kannst Du wählen, ob Du ein Doktoratsstudium (z. B. PhD) anstreben möchtest, das Dir die Möglichkeit gibt, Deine eigenen Forschungsfragen zu entwickeln, Experimente oder Feldstudien durchzuführen, um sie zu beweisen (oder zu widerlegen), wissenschaftliche Veröffentlichungen zu verfassen und sich so stärker mit einer gleichgesinnten wissenschaftlichen Gemeinschaft zu verbinden. Diese letzte Phase der Hochschulausbildung dauert in der Regel mindestens drei Jahre. Alles in allem ist es ein sehr langer Weg, aber er lohnt sich sehr!

Abbildungsverzeichnis